MONOGRAPHIE

DE LA

FAMILLE DE LUTEL

MONOGRAPHIE

DE LA

FAMILLE DE LUTEL

Établie sur titres depuis 1363 jusqu'à nos jours

PAR

JEAN PAUL DE LUTEL

Docteur en Médecine

Membre résident et Trésorier de la Société Académique
de l'Aube,

Membre correspondant du Conseil Héraldique de France.

TROYES

IMPRIMERIE DES PAPETERIES DE MONTBARD

20, Rue de Paris, 20

—

1898

A MES ENFANTS

ÉDITH & SAVINIEN

L'aimable petite fée que quatre-vingt-sept ans n'ont point vieillie, votre grand'mère paternelle, madame ma mère, était la descendante des seigneurs de Saint-Aventin portant d'argent à cinq fusées de gueules posées en fasce, (d'Hozier reg. I.) Je m'étais toujours cru, d'après la coutume de Champagne assez noble *par le ventre sans que je songeasse à faire revivre le nom de ma lignée paternelle, depuis les siècles des siècles. Aussi, quand, en 1859, je fus placé chez les Jésuites où tous mes condis-ciples ou environ étaient non seulement fils de quelqu'un, mais de quelque chose — selon l'étymologie espagnole : hijo de alguno, — il me suffit de révéler mon origine maternelle pour être bien accueilli.*

Mon père était trop philosophe pour chercher à rétablir son nom, et trop saint pour ne pas mépriser cette vanité. Il se contentait de vivre noblement. Sa plus grande préoccupation était de ne pas offenser Dieu et de donner le bon exemple en toutes ses actions. Pieux et naïf chevalier, digne de vivre au temps du sire de Joinville, son père est mort à 92 ans avec la grâce de son baptême. (1756-1848). Mon frère aîné heureux célibataire et philosophe sans souci, préféra aussi vivre médiocrement mais noblement et refusa toutes les faveurs du second Empire, capables de séduire le commun des hommes, et qu'aurait pu lui procurer une sœur de notre père, mariée à un des premiers fonctionnaires de l'État.

Notre sœur, en empruntant le nom de la Baronne de Chantal, s'est ensevelie dans un couvent qu'elle a fondé.

Quand à moi, modeste cadet, faisant métier de secourir les maux de mes semblables, et chaque matin me répandant par tous les chemins pour cette très noble tâche — non pas cependant avant d'avoir tiré la botte avec quelque prévôt pour ne point perdre la faculté de mettre à mal ceux qui me seraient injustes, déplaisants ou agressifs — il m'a semblé que je devais, mes enfants, vous rétablir votre nom tel que vos pères l'ont porté.

JEAN-PAUL DE LUTEL.

Avant d'exposer dans les pages qui vont suivre, les notes que j'ai pu recueillir sur la famille « DE LUTEL », il m'est de toute obligation d'adresser mes remerciements aux personnes compétentes qui ont bien voulu m'indiquer des sources où je pourrais puiser.

M. LOUIS LE CLERT, Archiviste de la Société Académique de l'Aube, Correspondant du Ministère de l'Instruction Publique et M. PAUL VILNET, Élève distingué de l'École des Chartres, Correspondant de la Société Académique de l'Aube, ont été mes guides à travers tous ces âges qui leur sont familliers.

M. ANDRÉ, Archiviste du Département de l'Aube et M. SILVÈRE DET, m'ont initié à la lecture des manuscrits et liasses poudreuses des cinq derniers siècles.

Toute ma reconnaissance à ces savants dont l'érudition n'a d'égale que la bienveillance pour les « escholiers » de bonne volonté.

MONOGRAPHIE

DE LA

FAMILLE DE LUTEL

« Pleust à Dieu qu'ung chascun sceust
aussi certainement sa généalogie,
depuis l'arche de Noé jusques a
cest age. Je pense que plusieurs
sont auiourdhuy empereurs, roys,
ducz, princes et papes en la terre,
lesquelz sont descenduz de quelques
porteurs de rogatons, et de coustrez.
Comme, au rebours, plusieurs sont
gueux de l'hostière, soufreteux et
misérables, lesquelz sont descenduz
de sang et ligne de grands roys et
empereurs ; attendu l'admirable
transport des règnes et empires :
Des Assyriens, ès Mèdes : des
Mèdes ès Perses : des Perses ès
Macédones : des Macédones ès
Romains : des Romains ès Grecz :
des Grecz ès François. »

Si l'incendie qui détruisit la Chambre des Comptes en
1738, n'avait pas réduit en cendres le premier livre des
vassaux de Champagne (feoda campaniœ), dont le second
volume était le registre des hommages faits à Thibaut
(1256-1270) ; si d'autre part l'état des vassaux qui rendaient
hommage aux comtes, à partir du comte Henri Ier, n'avait
pas été emporté en Palestine par le comte Henri II qui l'y
laissa, je pourrais vous fournir la preuve que mes ancêtres
ont pris part aux croisades. Je me contente de le croire :
d'autant mieux que la IVe croisade fut en partie composée
de Champenois.

« Nous sommes tous fils de croisés, tous ! tout Français a eu un ancêtre à la croisade. Quelques uns peuvent l'établir. les autres ne le peuvent point, voilà la seule différence ! » (1)

Une des premières et des plus anciennes mentions que nous ayons trouvée de la famille de LUTEL aux Archives de l'Aube, remonte à 1393, au follio 22 verso du *manuscrit velu,* *(liber villosus. ecclesiæ trecensis),* ainsi appelé de la couverture primitive, remplacée par un parchemin.

Theobaldus dou Lutel parte alia medietate dictæ granchiæ dimidii boiss frùtì.

Ce qui signifie que Thiebaut de Lutel louait une partie de grange pour le prix d'un demi-boisseau de froment. Cette grange était censive du chapitre Saint-Pierre et était située sur le territoire des Noës, à environ une lieue de Troyes.

On trouve encore, en parcourant le « liber villosus », un Jacques dou Lutel. De 1366 à 1389 ce personnage cité dans les comptes de la Cathédrale de Troyes paraît avoir une grande importance dans le pays des Noës, d'après tous les cens qui lui sont dus chaque année : Lambert le devin, Jehanon femme de feu Demarsin Trichepain ; la femme et les enfants de feu Guillot ; Thibaut Doignel et Jeannette sa femme ; les enfants de Jacquin Cordet ; Jean le Dollot, paient un cens à Jacques de Lutel pour des maisons sises dans la rue Truande.

Voir G. 1469, registre in-folio, 80 feuillets, parchemins, du cens légué par Jacobus de Lutello, payable à Troyes le lendemain de la Toussaint.

On voit encore, en 2968 liasse, Seigneurie des Noës, une série de contrats de ventes entre les de Lutel et autres habitants des Noës : contrat de vente écrit en latin, (1363) Perrin dit Beloce, vend au profit de Perrin de Lutel

(1) Vallet de Viriville.

« *Perino de Lutello ementy* » un quartier de vignes, lieu dit à la voie des maisons, la dite vente moyennant six florins.

Le 2 Janvier 1367, contrat d'échange entre Perrin fils de feu Thiébaut du Lutel et Perrinot Collot, pour lequel il appert que le dit Perrin du Lutel a donné en échange au dit Collot une maison aissances es appartenances sises aux Noës en contre échange le dit Colot a donné un arpent situé au tertre Saint-Pierre, plus 75 cordes de terre lieu dit Valladin.

Le 10 Juin 1369, contrat de vente par le nommé Thomas au profit de Perrin du Lutel, d'une portion de maison et courtil aux Noës, la dite vente faite moyennant la somme de 5 sols d'or.

Contrat de vente du 10 février 1375 par Jean Germaine au profit de Perrin de Lutel de 3 quartiers de terre en 3 pièces situées au finage des Noës, la dite vente faite moyennant la somme de 33 sols 9 deniers.

Contrat d'acquêts du 18 Décembre 1376 passé par devant de Doulevant, notaire-juré, au baillage de Troyes par Colotte, fille de feu Jean des Bordes, au profit de Perrinet du Lutel (de Lutello) autrement dit, Chauchigny et sa femme, demeurant aux Noës, d'une pièce de vigne, contenant 27 cordes et demie au finage des Noës, lieudit Valoubert, tenant d'une part à Colin Bélor, d'un bout à Jeanne Villain.

Le dit héritage est de franc alleu, la dite vente moyennant la somme de 30 deniers.

Contrat de vente du 19 Juin 1382 par Jean le Quence et sa femme au profit de Perrin de Lutel, demeurant aux Noës, d'un demi-arpent de terre au finage des Noës, lieu dit au Val de la rivière, tenant à Jehan du Lutel.

La dite vente faite moyennant 20 deniers tournois.

Contrat de vente du 13 Janvier 1387 par Perrin de Lutel le jeune au profit de Félizot d'un quartier de terre sise aux Noës, lieu dit au Val le Lion, la dite vente faite moyennant 20 sols tournois.

Contrat de vente du 25 Janvier 1389 par Perrin de Lutel le jeune, au profit de Perrin Chauchigny d'un quartier de terre situé au finage des Noës, lieu dit « la fête Chienlit » la vente faite moyennant 25 sols tournois.

Dans un cartulaire du milieu du XIVe S. où sont renfermés les titres de l'Hôtel-Dieu-le-Comte, (Série 40 H) on trouve des « de Lutel » en rapport avec cette maison hospitalière. Ces mentions existent dans des textes latins et français. On trouve également des mentions de la noue du Lutel. Ainsi : follio 8, r. Colin Regotin fils, Emillien Regotin pour un quartier de terre à la noue du Lutel. Dans un autre cartulaire de la fin du XIVe S. on trouve en 1382, au follio 144, recto, Babelot femme de feu Thiebaut du Lutel pour un arpent de terre................................. ....

Babelot du Lutel pour un quartier de vigne à l'orme brulé.

Et au verso : Babelot, follio 147, recto, Perote, fille de feu Pierre du Lutel pour demi-arpent et demi-quartier de terre au Vau du Lion.

Et au verso : .... du Lutel pour un arpent de terre.

Follio 148, verso : une mention de la noue du Lutel.

Et ainsi de suite *palati passim*.

Dans l'inventaire de Montier-la-Celle, follio 488 r°, n° 78 année 1528 on peut lire une reconnaissance de 8 deniers de censive sur deux arpens à Sainte-Savine, lieu dit la Noue de Lutel.

Nos ancêtres possédaient en ce lieu de la noue du Lutel, un fief dont nous tirons notre origine et notre nom. *(Lutum boue)* et si je ne tenais de mes pères cette belle devise « *Spes in deo* », j'aurais gravé sur nos armoiries ce vers du poète africain Terentius :

« *Te provolvam in luto....* »

Je le crie à la face de ceux qui riraient de mon berceau marécageux.

Il serait intéressant de faire l'historique de ce village détruit et de cette noue toujours boueuse. Les documents ne manquent pas dans nos archives de l'Aube; mais, je crois ne me devoir livrer à cette gymnastique des muscles du globe oculaire, qu'après que l'excellent médecin qui m'a retrouvé l'œil que j'avais perdu dans mes recherches paléographiques, m'aura permis de me crever l'autre œil. Il me suffit pour le moment de savoir que j'ai des liasses et de la poussière sur la planche.

Fonds de l'Évêché

G. 696 n° 1, Barberey-Saint-Sulpice anno 1428. C'est le papier des dîmes des vignes du finage et dismaige de Barberey-Sainct-Suplis appelés les petits abonnements appartenant a reverend pere en Dieu mon seigneur levesque de Troyes lequel les recoit en trois ans une fois et a messieurs de lesglise Sainct Estienne de Troyes lesquels recoivent les autres deux ans et sont levées au proffit des dict reverends peres ceste presente année mil quatre cent ving huit.

Le clos danne Simon

Follio 20, v. Perrecon de Lutel a cause de sa femme fille de Jehan Beloce pour un quartier de vignes

Le Val Adam

Follio 22 r°, Jehan Denys fils, pour demy arpent qui fut à Jehan de Lutel tenant à Perrin de Lutel.

Follio 23, v°. Jehan Denys, archer, pour cing quartier tenant à Perrecon de Lutel.

Michaut Aubert, pour ung quartier d'arpent à Perrecon de Lutel et fut à Jacques Aubert.

Jacques de Lutel pour cing quartier qui fut à Gilot Lequeux, tenant à Pierre Pichot et à la fille de Pierre Gilbert.

Follio 24, r°, Felizot jeune des Noës, pour ung quartier de terre aux hoirs de feu Thibaut et d'autres, et fut à Jehan de Lutel.

Gillot le Cornillot pour ung quartier tenant à Perrecon de Lutel.

Et au verso.........................tenant à Jehan de Lutel, vigneron.

Follio 40, Nicolas de Lutel........................

G. 696, n° 2. C'est le livres des dimes des Vignes du finage et dismaige de Barberey-Sainct-Suppliz, appelés les petits abonnements appartenant à messieurs doyen et chapitres de l'esglise de Monsieur Sainct-Estienne de Troyes de trois ans les deux et a reverend père en Dieu monseigneur levesque de Troyes en trois ans ung.

Anno 1484.

Gillot de Lutel.

Guilliot de Lutel de Troyes, en la paroisse de la Magdeleine.

Grant Jehan de Lutel.

Jehan de Lutel laisne, des Noës.

Grant Jehan de Lutel le jeune, des Noës, fils de Jehan de Lutel.

Jean de Lutel, Notaire royal à Troyes.

Jean de Lutel, fils de feu Perrin de Lutel.

Perrin de Lutel.

Jehan de Lutel des Noës, fils de Jacques de Lutel.

Jacques de Lutel des Noës.

G. 696, n° 3, Les Noës. Anno 1491. En parcourant « la Table des noms et surnoms des détenteurs de Vignes contenus en ce livre », nous avons relevé les noms suivants :

Claudin de Lutel.

Gylot de Lutel, fils de Guillemot de Lutel.

Gylot de Lutel, fils de Perrin de Lutel.

Guillemin de Lutel, des Noës.

Guille de Lutel de la Magdeleine.

Grant Jehan de Lutel le jeune.

Jacques de Lutel.

Jehan de Lutel, fils de Perrin de Lutel.

Jehan de Lutel le jeune.

Jehan de Lutel laisne.

Jehan de Lutel, fils de Guillemot de Lutel.

Nicolas de Lutel.

Perrin de Lutel, des Noës.

Perrecon de Lutel.

A Paris, aux archives nationales, (S. 4909 ᴮ registre de l'Ordre de Saint-Lazare), se trouve un inventaire des titres de l'Hôtel-Dieu-le-Comte de Troyes, datant de 1356 ; plusieurs fois le nom de « de Lutel » y est mentionné. De même dans les comptes de l'œuvre de la Cathédrale de Troyes (Bibliothèque nationale — manuscrits latins 9111-9113) sont encore nommés des membres de la famille « de Lutel ».

Malheureusement on n'y rencontre pas de textes développés concernant ces personnages dont le nom seul révèle l'existence.

Montier-la-Celle. — Censier à Saint-André et à Sainte-Savine, registre n° 1514, follio 31 v°

Jehan de Lutel pour les deux tiers d'une maison, trois perches de Courtil, séant en la grande côte, tenant à Jehan Gauthier d'une part et à Simon Germin d'autre part et fut à Gillot Gruyer.   3 oboles tornois.

De l'an 1456.

Inventaire de Montier-la-Celle, follio 581 r°, n° 234.

Reconnaissance du 12 Novembre 1467, passée par devant Drout et de Lutel, jurés à ce faire establis à Troyes par coppie compulsée à la requeste des abbés et religieux de l'abbaye de Montier-la-Celle et estraite d'un censier de la dite abbaye.

Dans l'inventaire de Montier-la-Celle, n° 369, follio 641 v°, existe un contrat d'acquisition du 14 Mars 1439, passé par devant Jean de Mesgrigny et Jean de Lutel Clercs Notaires, Jurés en la prévôté de Troyes, sous le scel de la dite prévôté.

Nous avons relevé maintes fois en 1482 la signature de ce même Jean de Lutel, Notaire royal à Troyes. Voici en quelles circonstances :

En 1439, mourait à Troyes et était enterré dans l'église des Jacobins, frère Jean de Gand, ermite de Saint-Claude. Le saint religieux avait annoncé, bien avant que Jeanne-d'Arc se fut révélée, que Charles VII était légitime roi de France, qu'il aurait des enfants et que les Anglais seraient expulsés du royaume de France.

En 1482, Louis XI mourant, ne sachant plus à quel saint se vouer, se rappela les prophéties du saint ermite. Nicolas de la Chesnaie, chambellan du roi, fut envoyé par lui au tombeau de l'ermite de Saint-Claude avec de riches offrandes.

A cette occasion, une enquête sur les miracles attribués à Jean de Gand fut ouverte. Plusieurs d'entre eux furent relevés par devant *Jean de Lutel*, notaire royal à Troyes.

Ils se trouvent relatés dans « *la Saincteté chrestienne* » de Des Guerrois, année 1482, et dans l'ordre qui suit :

L'an 1482, le vendredi 13ᵉ jour de décembre, *Jean du Lutel*, notaire royal à Troyes, et Pierre Bruyer, escuyer du Roy, prévost en garde de Troyes, signent avec paraphe l'attestation d'un appelé Simon Chavansse, serviteur de Mʳ de St-Just, lequel affirme avoir été guéri d'une fièvre intermittente par l'intercession du saint ermite de Gand.

Les mêmes Bruyer et *Jean du Lutel* signent avec paraphe la déclaration de Jean d'Auxerre et de Claude sa femme qui viennent déclarer être possesseurs d'objets ayant appartenus au saint ermite et que « jusqu'à ce jourdhui ont toujours gardé bien chèrement et plus qu'ils ne faisaient leur propre argent ».

Cette déclaration est le résultat d'un ordre de l'Évêque de Troyes « que s'il y avait aucun ou aucuns qui eussent par devers eux ou sceussent aucunes choses des besognes qui jadis furent à feu F. Jean de Gand à son vivant hermite de S. Claude et lequel était inhumé en l'église des F. Prescheurs, qu'ils vinssent le déclarer aux dits religieux sur peine d'excommuniment. »

Le 5e jour de décembre « en presence de Léger de Monsaujon et *Jean du Lutel*, clercs, notaires jurez du Roy notre sire, en la Prevosté de Troyes » Jeanne, femme de Jean Garnier, maistre d'escole, demeurant au Pont-Sainte-Marie affirme « que sa fille Mathée fort détenue de maladie des fièvres a été guérie au moyen de Dieu, N.-Dame et dudit s. hermite. »

Jean Varlet, cordonnier, demeurant à Troyes, âgé de 50 ans ou environ, atteste la guérison de la femme Jeanneton, qui s'était vouée et avait fait prières au s. hermite.

Guillemeste, femme de Pierre Chollot, concierge-garde du Beffroy, certifie que sa fille « enflée et prise en l'estomac qu'à 1/2 pied près ou environ elle ne se pouvait fermer en ses habillements quotidiens » a été guérie par l'intercession du s. hermite.

Perrin Roy, alaisnier, âgé de 32 ans et Cottot sa femme, attestent que leur petite fille âgée de 2 ans ou environ, a été guérie d'une maladie qui semble être une méningite, par « l'application de bandes et emplastres de drapeaux mis sur la teste de la dite enfant ». Ces linges avaient été trempés dans l'eau où avaient été lavés les ossements du saint.

Le même *du Lutel* signe avec paraphe l'affirmation de Marguerite, veuve de feu Guillaume Regnardeau, en son vivant, charpentier, demeurant à Troyes, qui déclare « avoir été restaurée en son oïe » par les mérites du pieux hermite Jean de Gand.

« Le lundy 16e jour du mois susdit : Vénérable et discrette personne, messire Pierre Ruinel, curé de Villy le Maréchal lez Troyes et chapelain de la chapelle du crucifix en l'Église collégiale de S. Estienne, âgé de 60 ans ou environ » affirme en présence de Pierre Bruyer, Prévost de Troyes et *Jean du Lutel*, notaire royal audit Troyes, qu'il a hérité de Gaustier Garnot, curé de Torvilliers, décédé à l'âge de 104 ans, lequel « se retrahlt en l'année 1419, pour les grandes guerres qui lors étaient en France, audit Troyes, en la maison et hostellerie des Maures » que là il administra les derniers sacrements à F. Jean de Gand, dont il conserva en souvenir les patenôtres. Messire Pierre Ruëil, dit qu'à son tour, ayant trouvé les dites patenôtres du saint hermite parmi les objets dont il a hérité, il les conservait avec grande vénération, quand un sien neveu les ayant prises pour jouer certain personnage devant feu Monsieur le Gouverneur de Champagne, elles furent perdues en parties et qu'il vient, sur l'ordonnance de Mgr l'Évêque de Troyes, apporter aux F. prêcheurs ce qui lui reste de ces patenôtres et attester « avec ce qu'il a ouy dire audit feu Garnot que le dit feu hermite estait en son vivant homme de saincte vie. » Signé Bruyer, *du Lutel* avec paraphe.

Le 12 décembre de l'an 1482, l'exhumation du pieux ermite Jean de Gand eut lieu en présence de Jean Gossement et *Jean du Lutel*, notaires royaux.

Doussat Vincent, laboureur à Villardouin comparait le dit jour devant les notaires royaux Jean Gossement et *Jean du Lutel* et affirme avoir été « osté de maladies et alegy d'icelles incontinent après son oraison et vœux faits » au saint ermite Jean de Gand.

Le 17e jour de janvier 1482, noble homme Proquo Guibert, demeurant à Beaudement, atteste et affirme en

sa conscience, en la présence de *Jean du Lutel* et Jean
Gossement, clercs, notaires jurez du Roy, « que 4 ans
ou environ luy advint certaine maladie, au moyen de
laquelle il a eu tous ses membres perclus et perdus desquels
il ne sceust peu ayder, et le convenait porter et mettre de
lieu en autre, et luy bailler ses vivres et nécessitez comme
à un petit enfant ; » mais qu'il obtint la guérison de ces
maux en se vouant au s. ermite.

Jacques Desrats, âgé de 26 ans et Guillemette, sa
femme attestent devant les mêmes notaires qu'ils ont été
guéris de fièvres par l'intervention du St Hermite.

Jean Seigneur, maréchal, demeurant à Troyes, atteste
et affirme que sa femme, étant enceinte, fut frappée de
maladie « tellement que luy ne les parents et amis n'y
attendaient vie » qu'une nuit sa femme se lève va prier
« sans aucune conduite, ny sans qu'elle se plaignit ny
dolust » au tombeau de F. Jean de Gand chez les F. F.
Prescheurs ; qu'elle en revint bien portante, but et mangea
et put nourrir elle-même l'enfant qu'elle mit bientôt au
monde.

Jordain père de Jean Seigneur et Jacquinot Donon
attestent la même déposition que signe ensuite *du Lutel*
avec son paraphe.

L'an 1482, le 30 et pénultième jour de décembre en
présence de Jean Costeret et *Jean du Lutel*, clercs, notaires
royaux en la prévosté de Troyes, comparut en sa personne
noble homme Regnault, bastard de Groffoy, grenetier
d'Epèrnay, demeurant à Sezanne, qui attesta, certifia et
affirma, en sa conscience pour vérité, qu'il avait été guéri
« de maladie de goutte » en se vouant au bon saint
ermite qu'il pria ; « dit en outre que quand il partit dudit
Sézanne il n'eust sceu lever aucun de ses bras et mains et
en estoit impotant, et de présent il les lève et s'en ayde
tout à son aise, ainsi qu'il a apparu auxdits notaires » qui
ont signé avec parafe : Costeret et *du Lutel*.

La mort de Louis XI interrompit le procès que l'on

songe à reprendre pour corroborer la mission de Jeanne d'Arc.

En parcourant le plus ancien document conservé dans nos archives municipales, le *Registre des délibérations du Conseil de ville de Troyes* du 22ᵉ de septembre 1429 au 25ᵉ de septembre 1433, on trouve signées du Lutel avec paraphe, deux pièces relatives aux Estats généraux tenus à Tours en 1476 et concernant les indemnités accordées aux députés.

Ce du Lutel est un des esluz au Conseil de la ville de Troyes. Le document qu'il signe, — avec Juvenel des Ursins, J. Losier, J. de Roffey, lieutenant du bailli, J. de Gerve, Moret Jelin, L. Boucherat, de Marisisy, — est pour mander à Guillaume le Peletrat, commis au gouvernement de la marchandise du sel en ladite ville, que des deniers de sa recette il baille et délivre à honorables hommes et sages maîtres Jacques Guyon, licencié en décret chantre et chanoine de l'Eglise de Troyes, Anthoine Guery, licencié ès loys et Pierre Perricart, marchands et bourgeois dudit Troyes, la somme de soixante livres tournois pour employer ès frais et dépens que faire leur convient en certain voyage devers le Roy, notre Sire.

Et avec ce baillez et délivrez audit maitre Anthoine Guery la somme de 8 liv. 5 sols tournois pour employer à le habiller et mestre en estat de faire ledit voyage et se pourvoir d'un cheval pour le dist mestre Jacques Guyon et d'un varlet pour iceluy voyage faire, lesquelles choses ont été délibérées estre faictes et baillées en assemblée.

Escrit le 18ᵉ jour de mars 1467.

Par la seconde pièce que signent les esleuz au Conseil de la ville de Troyes, de Roffey, du Lutel, J. Losier, Jacob de Mesgrigny, L. Boucherat, Drouot, de Vitel, Jelin, Pierre Perricart il est mandé à Guillaume le Peletrat de délivrer la somme de 40 liv. 5 sols tornois outre la somme de 60 liv. tornois par lui baillée aux délégués mentionnés dans la pièce précédente.

On rencontre cette autre mention de Gilot du Lutel, au follio 154, recto, du registre des délibérations du Conseil de la ville de Troyes : le jeudi VIe jour d'Aoust mil IIIIcXXXIII furent assemblez en la salle du Roy, nostre sire, ceulx qui censuit c'est assavoir : Monseigneur l'Évêque, Monseigneur le Lieutenant, Monseigneur le doien, Monseigneur de Montier-la-Celle, Monseigneur le Commandeur, le procureur du Roy, Jacques de Bar, Perrin de Rance, Thierry de Baussencourt, Nicolas de Chaumont, Pierre des Dames, Gilot du Lutel, etc .... en laquelle assemblée, après la matière remonstrée bien au long, fut délibéré de lever l'impost naguières fait pour paier la despence des gens de guerre ; et furent tous contans de paier leur impost, excepté les XII sur les quelz telz est assis, lesquelz ont dit quilz estoient trop imposez.»

En mai 1470, Jehan de Lutel, clerc et procureur des habitants de la ville de Troyes, se rend en mission près du roy Louis XI à Tours et à Amboise. — Boutiot, t. III, page 96, hist. de la ville de Troyes.

En novembre 1476 les habitants nomment douze d'entre eux pour recevoir les comptes des collecteurs ; ils arrêtent en outre que Jehan de Lutel et Estienne de Baussancourt signeront tous les mandements des deniers de la ville. — Boutiot t. III, page 155, loc. cit.

Au censier appartenant à l'Église de Montier-la-Celle, pour l'année 1471, sur les maisons sises à Troyes, les Bordes, Croncels, la Moline, les petits et grands Clos, Charmes, Voyse, Chichré, Ste-Savine.

Page 33, Jehan Fremy a cause de Nicolle, propriétaire, fille du dit de Lutel.

Jehan du Lutel, procureur en cour laye pour la moitié par indivis de deux frestres (1), de maisons ainsi comme

(1) Signifie faîte, faîtage. Il se payait un droit pour le faîtage de chaque maison, au moment ou il se posait. — Il est question ici du droit qui se payait annuellement par faîtage : Henri le libéral, donne aux Chanoines de St-Estienne la moitié du *freste* des maisons du clos. Actes de donations 1157.

ils se comportent devant et darrier séans en la dicte rue de
lespicerie devant l'Homme Sauvage tenant et portant à
Bertrand Maçon, coustelier, d'une part et à Jehannot Vougry,
pelletier, d'autre part, par derrier a Jean Denise, serrurier,
et à Noël, bouquenteur...... et par devant au pavé, enfin
à messire Pierre Ceret.

Aux Archives de l'Aube, 10 G. 39, dans le censier de
l'Église St-Urbain, la ville, les faux-bourgs et autre, 1636-
1649, on trouve follio 106, hors texte, dans des papiers rap-
portés, une pièce signée de Lutel lo 27e d'Avril 1480 :
M. Huez doit reconnaître pour 105e de jardin, tenant d. p.
d. l. de M. Bailly, d'autre à la ruelle des Noës, d. b. d. m.
au pavé royal, d'autre à luy au lieu de M. Huez, au lieu de
M. Raymon, au lieu par derrier les héritiers de M. Henry,
au lieu d'Edmée Perricard, fille de M. Pierre Perricard, au
lieu de M. de Villeprouvé et de M. Ns Guichard, conseiller,
au lieu de Jean Morlai, huillier, qui a reconnu au censier
rouge fol. 98 ro, le 3 Mars 1605 et Pierre Guichard Edmone
Doué, Pierre Pouare et aultres au lieu de Jean Mico laisné
qui a reconnu audit censier rouge, fol. 98, role, 22 Juillet
1604 de conformité à la reconnaissance de Jean Clément en
datte du 27 Avril 1489 laquelle est signée en fin de Lutel.

Dans les comptes du chapitre de la Cathédrale de
Troyes, Série Q. Archives de l'Aube, liasse G. 3986, Jehanne
veufve de feu Guillaume de Lutel, en son vivant encordeur
et charbonnier à Troyes, reconnaît qu'elle doit deux sols et
demi tournois de censive à maître Guillaume de Taix, abbé
de Basse-Fontaine et doyen de l'Église de Troyes, à cause du
dict doyenné pour une chambre basse, cave, jardin, etc....
dont elle est détenteresse, proprietresse et possesseresse.
Cette mention de feu Guillaume de Lutel se trouve sur un
parchemin daté de May 1574 et commence ainsi :

« A tous ceux qui ces présentes lettres verront, Claude
Jaquot, licencié ès lois, advocat à Troyes et garde du scel,
aux..... de la dicte prévosté salut, scavoir faisons que

par devant Nicolas Pucelle et Edmon Gillot, notaires royaux au dit Troyes, fut présente en personne Jehanne veufve de feu Guillaume du Lutel en son vivant encordeur et charbonnier, demeurant à Troyes, au lieu du dit deffunt Guillaume de Lutel...»

Anne Herault, veufve de feu Guillaume de Lutel, habite une maison censive de l'Abbaye de Montier-la-Cette (Arch. de l'Aube 27 $\frac{H}{4}$.

Fonds de Notre-Dame en l'Ile, censier de la ville.

G. 1110, registre n° 121, Follio 17, r°, il y a nouvel hypothèque contre Edmon de Lutel dict Guillemot du dernier jour de may 1569.

G. 1211, Follio 14 r°, anno 1542, Edmon de Lutel, marchand-sayetier, demeurant à Troyes, pour ung petit jardin qui de présent est en terres labourables contenant ung quartier au parisi séant au finage de Croncels au lieu dict au Voyse sur le chemin de la tuillerie en tirant au gué aux chevaux quil a acquiessé de Jacques Labbé, tisserant de drap, tenant d'une part à Chollot des Huttes, d'autre part à Nicolas.........

L'an 1556, le 15e jour d'octobre Edmon de Lutel héritier du précédent, reconnait qu'il doit le cens pour le petit jardin en terres labourables ci-dessus désigné.

G. 1217, registre page 15, anno 1571, Edmon de Lutel dict Guillemot, tient le même champ au finage de Croncels.

Une Verrière de l'Église des Noës, nous fournit un document du xvie siècle. Dans la statistique monumentale du département de l'Aube, Ch. Fichoux décrit deux panneaux où est représentée une scène de maison de jeu. Le joueur qui occupe le milieu de la table vient de perdre son argent, il va se poignarder et blasphème par la *chair Dieu*, ses deux compagnons se regardent avec stupeur, mais sans le secourir : l'un jure par le *Ventre Dieu*, l'autre par *les playes*.

Le cinq de treffie, ici le Jésu, carte de malheur dans le jeu de la bataille est l'auteur de cet acte de désespoir.

Au 2e plan, une femme se retire de la scène, élevant au dessus de sa tête une banderolle avec ce mot *Jhesu S.*

Au-dessous de la table, un des joueurs est emporté par le diable, comme l'indique une banderole : « le diable lenporte. »

Le désespéré se retient par un pied de la table. Son escabeau se renverse avec le cinq de treffle et tombe dans les flammes de l'enfer, au milieu d'une foule de damnés. Au bas de ce vitrail, on lit : « Gens de bien du temps de Jehan Lutel et de Guille de .... priez pr eulx et pour les trespassez. »

Le panneau qui manque, remplacé par un panneau étranger au sujet, contenait le complément de l'inscription où figurait le nom de Guillemette, femme de Jehan de Lutel. Ce nom était celui d'une terre, d'un fief possédé par la femme de Jehan de Lutel.

Jehan de Lutel et sa femme Guillemette de .... étaient bienfaiteurs de l'église des Noës. (1).

_____

(1) Ayant omis de prendre une flche, il m'a été impossible de me rappeler ou j'ai vu le dessin d'un autre fragment de cette verrière avec cette inscription : « les bons pauvres au tems de Jehan de Lutel ». Ce panneau était sans doute le complément de la présente verrière.

Fonds de Notre-Dame des Prés

En fouillant les dix-neuf cartons du fonds de l'abbaye de Notre-Dame des Prés, j'ai relevé les mentions suivantes :

23 $\frac{H}{1}$, carton 290, liasse 425

monasterium ad moniales de pratis juxta trecas.

Conte commençant au jour Sainct Martin 1528 et finissant à Pâques 1529.

Comptes de Sœur Catherine Pitois, humble abbesse de l'abbaie.

Follio 1 vᵒ, de Pierre Guillemot, dit du Lutel, pour maison, granche, court, courtil, aisances, ainsi comme ils se comportent séant à Poully, charge de 20 sols tournois de rente annuelle envers nous pour cecy   xx sols.

Follio 2 vᵒ, de Edmond Grimon, marchand à Troyes, huit deniers de censive pour demy arpen de terre qui furent à Jacques de Saint Falle *à la noue du Lutel sur la Rivière de Corps.*

Des héritiers Thomas Pouard pour 3 arpens de terre séant à la noue du Lutel.

Des héritiers de la veufve Claude Salins pour deux arpens de terre séant en la voye du Lutel, tenant d'une part à la noue des prés.

Follio 3 vᵒ, de Jehan Loys, laboureur, demeurant à Troyes, 22 deniers tornois pour 6 arpens de terre, séant au finage de la Rivière de Corps, au lieu dit la Noue du Lutel.

Et à Jehan le Queu ou à ses héritiers d'un bout du fossé de la dite noue aboutissant au grand chemin.

Follio 9 rᵒ. *La noue du Lutel sur le finage de Saincte Savine.*

Follio 31, rᵒ, Jehan de Lutel et Perrette sa femme à cause d'elle au lieu de Jehan Michelin, une obole tornois et 3 picotins d'avoine de censive pour 3 quartiers de terre séant au finage de Fonvannes, lieu dit en palais, tenant d'une part à messire Symon Michelin, d'autre à.........

Follio 41 vᵒ, même mention que follio 1 vᵒ.

$23\frac{H}{4}$, liasse 28

Pièce écrite en latin. Enquête faite par deux notaires de l'officialité, le 11 juillet 1518, au sujet d'une difficulté de dîmes à payer entre les abbesses, religieuses et communauté de Notre-Dame des Prés et les religieux de Montier la Celle. Citation de témoins, au nombre des quels François de Lutel des Noës, âgé de 40 ans, pour affirmer qu'il n'est rien dû par les dites abbesses, religieuses, etc., que cependant si les moines de l'abbaye de Montier la Celle devaient réclamer les dîmes à main armée, elles déclarent qu'elles préfèrent payer bien que ne devant rien.

$23\text{-}\frac{H}{5}$, liasse 35

Registre des censives dues par chaque an au jour Sainct Remy d'octobre aux religieuses et honnêtes dames les religieuses et abbesses et communauté de Notre Dame des Prés lès Troyes.

(1529). En palais, finage de Fonvanne, Jean Michelin, tant en son nom que comme tuteur d'Emone, fille de François Maurroy, Jean Michelin, dit Félix, pour Jean de Lutel.

$23\text{-}\frac{H}{6}$

Jean Lutel tient à cens des terres de l'abbaye de Notre Dame des Prés sur le finage de Mesnil Vallon. Anno 1696.

$23\frac{H}{7}$

Edmon Lutel et Nicolas Lutel tiennent à cens des terres de l'abbaye de Notre Dame des Prés sur le finage de Mesnil Vallon.

$23\frac{H}{11}$, liasse 10

En 1522 Pierre de Lutel et Guillemot dit de Lutel s'avouent débiteurs d'une maison censive de l'abbaye de Notre Dame des Prés, séant à Pouilly. Ils sont assignés en la prévosté par les religieuses de la dite abbaye et le rapport est signé par de Lutel, sergent royal.

$23\frac{H}{12}$

Le sixième jour de février 1673, maître Claude Vialet,

fermier général du domaine du Roy et maître Paul le Jeune bourgeois de Paris, commis général dudit Vialet, élissent domicile au logis de maître Joseph de Lutel (1) le jeune, procureur au baillage de Troyes.

Joseph de Lutel signe une ordonnance aux abbesses et religieuses de Notre-Dame des Prés de fournir dans quinze jours pour tout délai leur déclaration sur la forme prescrite de la consistance des biens en fiefs par elles possédés.

$$23 \frac{\text{H}}{13}$$

L'an 1472, le dernier jour de juing, Jean du Lutel, clerc notaire jurez établi en la prévosté royale . . . .

$$23 \frac{\text{H}}{15}$$

Le 18 août 1526, Pierre de Lutel, demeurant à la Charme de Pouilly, est témoin d'exploits donnés à la veuve de feu Bernard Blondel touchant 20 sols de rente et 2 deniers de censive sur deux jardins assis à la Chappel Saint Luc, lieu dit Villebarot.

$$23 \frac{\text{H}}{17}$$

Signature de Joseph de Lutel, procureur au baillage le 5 Juin 1673, sur les pièces d'un procès entre les dames religieuses de Notre-Dame des Prés et Anne de Malleroi, femme séparée de bien de Jaques Grosley, ci-devant veuve de feu Jaques Blanvillain, apothicaire de la ville de Troyes.

$$23 \frac{\text{H}}{19}$$

Parchemin, texte latin daté du 11 Juillet 1518.

C'est une enquête en information par laquelle plusieurs témoins — François de Lutel âgé de quarante ans, demeurant aux Noës est au nombre de ces témoins « *Franciscus de Lutel quadragiata apud locum des Noës* — déposent « que les dames n'ont jamais payé les dîmes à Montier-la-Celle de leur plein gré et n'ont souffert que leurs serviteurs les laissent empocher, si ce n'était par force. »

(1) Joseph de Lutel le plus jeune. est fils de Jacques de Lutel, procureur et d'Anne le Borgne, dont le testament est cité en entier dans cette monographie.

Cette pièce confirme l'enquête du baillage citée plus haut et que l'on trouve 23 $\frac{H}{4}$ liasse 28.

Quelques membres de la famille de Lutel tombèrent dans l'erreur de Luther. Ils durent se réfugier à Genève.

Monsieur Folletête, l'archiviste de Porrentruy et vice-président des États de Berne, a bien voulu me communiquer la note suivante :

Registre des habitants. Réception le premier de mars 1557 de Loys de Lutel, natifs de Troyes en Champaigne — (quatre autre troyens sont reçus le même jour : Antoine de Villemor (au regietro dos bourgeoio Villomort), Robort Huc, Michel Ploton, Jean André).

Livre des Bourgeois, du 15 octobre 1557, Loys, fils de feu Jehan de Lutel, de Troyes en Champagne, et son fils Loys (ont été reçus) pour 6 escus et le selliot.

Le registre du Conseil renferme moins de détail.

Ce Loys de Lutel est évidemment le même que Boutiot faitémigrer à Genève en 1536. C'est aussi un des enfants de ce même Loys de Lutel qui fut porté à l'église par une bande armée pour y être baptisé, ainsi que d'autres enfants Protestants, le 5 août 1562.

Les de Lutel n'ont point fait souche à Genève, il est donc probable qu'ils revinrent dans leur bonne province de Champagne après l'apaisement des luttes religieuses. Peut-être même redevinrent-ils de bons catholiques. Ce qui peut le faire espérer c'est l'acte d'abjuration qui se trouve au registre 15 des actes paroissiaux de St-Jean au marché, folio 131 : « Jehan, fils de Jean Polain et de Catherine de Lutel a esté amené en ceste esglise de sa voulonté et a esté réconcillié sur les fonds du baptême faisant lui-même protestation de sa foy. » Il y eut d'ailleurs en cette année plusieurs retractations entre autre celle de Morel, religieux cordelier.

En fouillant minutieusement nos Archives départementales pour son travail sur « *les associations coopératives de joueurs d'instruments* à Troyes, au XVIIe siècle, Monsieur

Louis Morin a relevé en entier un contrat daté du 3 novembre 1600 et portant la signature d'un Michel de Lutel.

Le même auteur a signalé une autre convention plus compliquée entre joueurs d'instruments. Siret de Lutel est le chef de l'association et c'est en sa maison qu'ont lieu les assemblées. — Combien je regrette, pour mes recherches, que l'emplacement de cette habitation ne soit point relaté. — Grâce à Monsieur Louis Morin, nous savons encore qu'en 1609 le lieutenant de Lutel saisit la prévoté de son différend avec Benoît Beurlier, maître joueur ;

Qu'en 1618 le même de Lutel est en procès avec un de ses confrères Edme Mussin, au Parlement de Paris.

Qu'en 1623 des jugements furent rendus au profit du lieutenant Siret de Lutel contre Estienne Mortelet.

Je dois à la complaisance de l'excellent Monsieur Morin ces deux notes suivantes, qu'il a relevées à l'étude de Me Champeaux.

11 Février 1564. — Reg. Tartel, *Nicolas de Lutel*, vigneron, demeurant à Chicherey, paroisse de Sainte-Savine ; ...... Felison, sa femme.

4 Avril 1591. — Reg. de Balthazard Tartel, fol. 295. PHILIPPE DE LUTEL et MICHEL DE LUTEL, son fils, tixerans de toiles, vendent des pièces de terre sises à Sancey.

MICHEL DE LUTEL.

Dans le censier de l'église St-Urbain, la ville, les faux bourgs et autres (Archives de l'Aube 10 G. 39 regist.) on trouve le présent acte au folio 106 :

« L'an 1649, le 10e jour d'août en l'étude de Coulon, notaire royal à Troyes, est comparu en sa personne messire Jacques de Lutel, procureur au baillage et siège présidial

de Troyes, y demeurant, lequel a recogneu qu'au lieu et
par succession de messire Nicolas de Lutel, son père, il est
propriétaire, possesseur et détenteur d'une maison sur le
devant de la rue, appendis derrière, cour au milieu, droicts
ayant et appartenant, sise à Troyes en la rue de Chaalons (1)
à présent nommée la rue du Coq tenant d'une part à
Hubert Guiboirot et autres héritiers de Nicolas Thibaut et
à la veufve dudict maistre Nicolas de Lutel, mère du
précognoissant et à Anthoinette de Lutel, veufve de maistre
Jacques Singevin. »

Et du même censier de St-Urbain (année 1636 — 1649)
au follio 120, Guillemot de Lutel et ses enffans pour un jardin
peuplé d'arbres contenant deux quartiers ou environ ainsi
qu'il le comporte, qui jadis fut à feu Gambot, huillier à
Vauchassis et depuis à Thouvenin, de Marolles ...... et
dernièrement à Jehan de Vitel, tenant d'une part du côté
de Troyes aux hoirs ou ayant cause ...... Choiselat d'une
part et du long aux faux fossés de la ville, du côté de
Ste-Savyne, du bout tenant au pavé royal et par derrière
aux hoirs des Choiselat. »

En 1684, Joseph de Lutel était le seul capitaine
commandant la compagnie du noble jeu de l'arquebuse,
comme nous le savons par une pièce conservée aux
Archives de l'Aube C. 2260 (1684-1685) et commençant
« du vendredy 22e jour de Décembre 1684 à l'audiance
tenue par MM. Comparot, Aubry, Gombrult, de la Haproye
et Corrard, Joseph de Lutel, capitaine, seul commandant
la compagnie du noble jeu de l'arquebuse de cette ville,
demandeur en main levée et aux frais de l'exploit de
Laurent du 16 Décembre .... » contre M. François

(1) Au xiiie S. (1267) halles de Chaalons par où l'on va de l'église St-Jean
à la rue des Bûchettes. On y vendait toiles, cuirs, laines, draps, fils, bestiaux,
fourrage, blé, avoine, pois et autres graines. Depuis rue de Chalons, halles
et comptoirs des marchands de Beauvais. Maison du Coq au coin de la rue des
Bûchettes. En 1198 ruelle quœdicitur Harduini, nommée encore rue Hardouin
en 1520.

Passerat, fermier des octrois ; (lu et et entendu). « Le procureur du Roy et ses conclusions, et ayant égard au consentement du fermier que le vin soit rendu, avons fait
main levée pure et simple audit de Lutel des deux feuil-
lettes de vin en question, ordonné qu'icelles seront rendues
et restituées par les dépositaires et gardiens, et en cas de
refus, ils seront contraints par toutes voyes deües et rai-
sonnables suivant l'ordonnance — et permis au préalable
audit de Lutel de faire goûter ledit vin afin de connaistre
s'il n'a point esté altéré. » C. 2260, f° 41 v°.

Les Archives de l'Aube possèdent une liasse (E 1162) et
dix registres (E 1163-1172 inclusivement) concernant les
arquebusiers de la ville de Troyes. Dans le « registre des
délibérations de la compagnie du noble jeu de l'arquebuse
de la ville de Troyes, capitale de Champagne, » série E,
1168, à partir du 31 d'aoust 1677, follio 85 v°, Joseph de
Lutel signe les actes de la dicte compagnie et son nom figure
sur les listes de présence des assemblées. Dans le meme
registre, à partir du dimanche 15e jour de may 1678, Joseph
de Lutel figure comme greffier de la noble compagnie. Dans
un autre registre des actes de la dite compagnie des arquebusiers, E 1163, en 1685, le nom de Joseph de Lutel est
accompagné de la qualité de capitaine-enseigne.

Au follio 191 r° sur « la liste de ceux qui ont signé les
prix de l'année 1685 » de Lutel écrit son nom avec le titre
de capitaine-enseigne. Il résigne cette charge le 6e jour de
décembre 1685, comme nous l'apprend le rapport signé de
lui et qui fait suite à la pièce ci-jointe :

Le jeudy sixième jour du moy de décembre 1685, par
devant nous Joseph de Lutel, capitaine-enseigne de la compagnie de l'arquebuse de cette ville, la compagnie ayant été
mandée de nostre ordonnance par les sergents de la compagnie pour comparaître ce jourd'hui pour délibérer sur
les affaires de la compagnie ont comparu les sieurs de Lutel,
capitaine-enseigne, Caquëry, Garnier, Chervot, Camusat,

Cautelle, Galoye, Hugot laisné, Martinot, Charpy, Gilbert, Vellut, Gordelle, auxquels nous avons dit que depuis plusieurs années il n'y a eu aucun controlleur nommé, ni qui ayt faict la charge, que le sieur Chervot, greffier, a faict le temps de son exercice, qu'il est nécessaire de nommer des auditeurs pour voir les comptes du sieur Camusat, ci-devant trésaurier nommé en son lieu et place un des chevaliers de la dicte compagnie pour en faire la fonction pendant deux ans ainsi qu'il est accoutumé et aussy un controlleur si la compagnie le juge à propos sous quoi, les dits chevaliers présents a été résollu que pour l'audition des comptes des sieurs Garnier, Cautelle, Hugot laisné, Galloye entiens commandant, Gillebert tixerant, Camusat et Chervot sont priés de montrer le plus diligemment qu'ils pourront leurs comptes, que Monsieur Camusat ayant été nommé controlleur, il n'est pas nécessaire d'en nommer d'autres et pour trésorier a été nommé Monsieur Martinot ce qui a été accepté par luy dont acte.

> Garnier, Chervot, Jehan Cautelle, Hugot, Gilbert, de Lutel, Jean-Baptiste Camusat, Martinot, Charpy.

Rapport de Monsieur de Lutel :

Ce faict, nous déclarons quattendu qu'il y a plus de deux ans que nous sommes faict officier de la compagnie et qu'il est juste que chaque chevalier soit officier à son tour, nous nous despartons de la charge de capitaine-enseigne, follio 75 r° DE LUTEL.

Au même registre, plus loin, la mention suivante, follio 76 r° : Dimanche 20 janvier 1686, le prix de Monsieur de Lutel a été tiré en deux courses par les chevaliers ci-après nommés et le Joal a été rapporté par de Barry le jeune.

Le 11e jour de juin 1695, la veufve de Jacques de Lutel, procureur au baillage, Anne le Borgne après avoir écrit de sa main son testament l'avait remis à Jehan d'Yesvre, prêtre-prieur de St-Georges, son confesseur, pour être ouvert

après sa mort, en présence de ses enfants et petits-enfants.
— Que celui qui ne sera pas ému à la lecture de cette page
naïve, ne continue pas la lecture du présent travail et qu'il
sache que je n'ai pas eu l'idée sacrilège de prodiguer des
perles de cette valeur........ *ante porcos !*

Testament d'Anne le Borgne, Vᵛᵉ de Jacques de Lutel, Procureur au Bailliage

Au nom et pour lamour de mon Dieu je faist mon testament par lequel je déclare ma dernière volonté que je veut estre exécuté ponctuelement par Marie de Lutel ma fille que je choisy et ellie pour lesfest de mon présant testament.

Je donne mon ame a mon Dieu mon créateur et luy demande humblement pardon de tous mes crimes je me recommande a la Sainte Vierge ma bonne mère et à Saint Joseph le protecteur de nostre famille a Sainte Anne a mon Ange gardien et a toute la Cour céleste que je supplie de présenter mon ame aux trones de sa divine misséricorde sans l'esperence de laquelle je dois trembler.

Je dessire estre enterer dans lesglise de Sᵗ Remy, auprès de mon cher mary le plus humblement qu'il ce pourat faire mon corps nestant dignes que on luy fasse de lhonneur mais je désire qui soit porté et pressente dévant la belle croix pour luy rendres ces derniers debvoirs et hommage, je desfant les armoirie et le trop de luminaires et au lieu de cette despance je desire qu'il soit donné dix francs aux pauvres le jour de mon desesd et treisse boissaus de blesd saigles a treisse pauvres honteus . . . .

Je dessire quys soit dict trentes messe le jour et lan-demain de mon dessesd et quil me soit dict un anuel pour satisfaire a la justise divine pour une partie de mes peches esperant pour le tout dans les merites de mon sauveur . . . . , ...

*Jordonne a mes anfans de faire executer la fon-
dation que nous avions faites a St Remie a quelque
prix que ce soit et le plus tot qu'il se pourat . . . . . .*

*Je donne par ce pressent testament a ma fille Marie
de Lutel pour les gualles à ce que jay donne en mariage
a ces freres cequy mapartient comme commune du
bien que nous avons heus du sieur du parquet savoir :
la moitié du guagnaige prais vignes maisons six a
Briel et lieux voisins et la mosties des prais vignes
maisons six a Vandeuvre et lieux voisins et générall-
lement de tout ce que nous avons heus dudict du
parquet a condition que le reste de mon bien
guarant pour le retrait pendant 10 ans a commancer
de ce jourduy. . . . . plus je laisse a ma dicte
famille trois cent livres pour ce que jay donné a mes
belles filles et pour lindamniser dune parcelle de ce que
ces freres onst hue de sa maison plus quelles. . . . . .*

*Jordonne que ma niepce Françoise Tisserant peust
demander quages pour les bons services et assistance
quelle nous a rendus mais je la prie de ce comtanter de
recevoir et prendre pandant sa vie tous les ans quarante frans que je luy donne par mon pressant testament et pour ce faire jordonne a mes anfans de laisser
huit cent livres des deniers de la vante entres les mains
de ma fille Marie de Lutel exécutrice de mon pressant
testamant pour payer tous les ens à ma dictes niepce
Françoise Tisserant ses quarante frans que je lui laisse
et que après le dessesd de ma dicte niepce Françoise
Tisserant ses huit cent livres seront partages entre
mes anfans.*

*Plus je laisse a ma dicte niepce Françoise Tisserant
le lict quarnit quy est dans la chambre de ma fille ou*

lle couche. . . . je laisse a Anne Caffay ma servantee vingt frans pour la rabilier.

Mes anfans le grand dessir que j'ai de vous laisser la paix afin que vous vous aimyes lun lautres et que vous nayes ni proces ny querelles ma donné la pensé descrire dans mon pressant testament ce quy suit : savoir que feu mon mary et moi nous avons donné en mariage a mon fil procureur au présidial de cette ville la somme de quatres mil livres comme il est porté par son comtrat et par sca quittence sens préjudice de ce qu'il nous doict depuis son premier mariage.

Feu mon mary et moi et nous avons donné en mariage a feu mon fil avocat a la cour une maison rue des Buchetes ou demeure pressentement Mr Chappelat et un guanguiage a la Chapel St Luc et un demie arpent de vigne a Villery que nous avons estimer a lors la dicte maison guanguiage et vigne la somme de quatre mil frans leurs juste valleur encord que par le comtrat il nous soit fait mention pour les gualler de pareille somme de quatre mil livre que nous avons donne a son frere le procureur en mariage voila ce que je sertifie véritable adieu mes anfants je prie la bonté divine de vous donner sca saincte benediction et vous fasse la grace de ne jamais oublier le bon exemple de vostre aimable pere, faist a troie le vingt six novembre mil six cent quatres vingt neuf.

Anne le Borgne

Sur l'enveloppe : Ma Fille

Ne manque de faire voir mon pressant testamant apres ma mort et lexecuter aux mieux quil vous serat possible.

Paraphé par nous Claude Gallien, Lieutenant de la Prevosté.

Troyes, le 11e de Juin 1695.

L'an 1695, le Samedy, unziesme jour du mois de Juin à heure de neuf du matin, nous Claude Gallien, cy pour la vaccance de l'office de Prévost.

Sur la requête du Procureur du roy en la dite Prevosté, tenant en main le faict et cause des pupilles qui nous a donné advis du deceds arrivé cejourdhuy d'honeste femme Anne le Borgne veufve de Maistre Jacques de Lutel laquelle a laissé plusieurs petits enfans mineurs la plus grande partye desquels estant absente pour la conservation des droicts desquels et de qui il appartiendra.

Nous nous sommes transporté assisté de nostre greffier, garde-scel et de Jean Martinot huissier, en la maison en laquelle ladite deffuncte est décédée, seise en cette ville, rue du Coq, ou estant et en présence d'honeste femme Nicolle Saingevin, veuve maître Joseph de Lutel, fils de la dite deffeuncte et de Marye de Lutel aussy fille de ladite deffeuncte a esté procédé à la dite apposition de scellé en la forme et manière qui suit :

Premièrement dans une chambre basse respondante sur la cour de la dite maison en laquelle avons trouvé le cadavre de la dite deffeuncte dans son serqeuil a este le scel apposé sur un guichet d'en bas d'une armoire estanz fermé à clef d'une bande.

Item sur un buffet de bois de noyer à quatre guichets (1) fermant a clef, estant dans une chambre haute respondante sur la dite cour sur le corps de logis de derrière, a esté le scel apposé d'une bande sur les deux guichets d'en haut *(sic)* et d'une autre bande sur les deux guichets d'en bas *(sic)*.

Item dans ladite chambre a esté le scel apposé sur un coffre de cuir bouilly non fermé à clef d'environ six pieds de long, de deux bandes.

(1) *Guichet* ou *huchet* ? — Les mentions fréquentes dans l'inventaire des meubles de l'Hôtel-Dieu Saint-Nicolas pour l'an 1524 (Arch. Aube G. 3396), de « buffets à deux ou trois ou quatre guichets fermant à clef » et très lisiblement écrits autorisent notre préférence pour guichet. — Voir *guichet* dans Dict. ancienne langue française, Godefroy.

Item dans une petite chambre respondante sur la mesme cour, au corps de logis de devant, a esté le scel apposé sur une armoire de bois blanc non fermée à clef, d'une bande.

Item dans une petite chambre attenant a esté le scel apposé sur un coffre-fort de bois fermé à clef, d'environ quatre pieds de long, d'une bande, lequel coffre et ce qui est dedans ladite damoiselle Marye de Lutel, nous a dit luy apartenir.

Item a esté le scel apposé sur un petit coffre de cuir bouilly fermé à clef, d'environ trois pieds de long, d'une bande.

En procédant à ladite aposition de scellé est comparu vénérable et discrette personne Mre Jean d'Yevre, prestre prieur de Sainct-Georges, en cette qualité chanoine en l'église Cathedralle de cette ville lequel nous a représenté un paquet en forme de lettre missive cacheté de deux cachets de cire rouge aux armes de la famille des de Lutel sur lequel sont escript les mots : « Ma fille ne manqué de faire veoir mon présent testament après ma mort et l'exécuté au mieux qu'il vous sera posible » et lequel paquet il nous a dit luy avoir esté mis en ses mains en dit estat par ordre de ladite deffeunte pendant sa maladie de laquelle elle est décédée et après l'avoir représenté aux dites Saingevin et Marye de Lutel, et Anne de Lutel, petite-fille de ladite deffeuncte cy présente, et interpellé de déclarer s'yls reconnaissent ladite suscription, estre de la main de ladite deffeuncte et estre lesdits cachets des armes de la famille des de Lutel. A laquelle interpellation lesdites damoiselles de Lutel et Saingevin après en avoir pris comunication et examiné ont dit ladite suscription estre de la main de ladite deffeuncte et les deux cachets estre les armes de la famille des dits de Lutels au moyen de laquelle reconnoissance et sur leur réquisition avons dudit paquet faict ouverture, et trouvé en y celluy deux feuilles de papier non timbré dont trois pages et demye se sont trouvées escriptes la première desquelles commance par les mots « au nom et pour l'amour de mon dieu », et la dernière demye page finy par les mots « faict à Troyes, le vingt-six novembre 1689, signé Anne le Borgne » et sur interpellation aux dites damoiselles de Lutel et Saingevin de nous déclarer sy lesdites trois pages et demye d'escritures *(sic)* que nous leur avons représenté sont escrites de la dite deffeuncte et signée d'elle à la dite demye page, lesquelles ont déclaré qu'elles reconnoissent lesdites trois pages et demye estre escrites et signée de la main de la dite deffeuncte et duquel escript ayant fait lecture en présence des dites damoiselles de Lutel et Saingevin s'est trouvé estre le testament de ladite deffeuncte que nous avons paraphé en chacune de ses pages escrites, ensemble l'enveloppe et ycelluy mis au greffe pour y demeurer jusqu'à ce que autrement ayt été ordonné.

... « Auons signé soubs leur protestation que ladite lecture de ce jour ne leur puissent nuire ni préjudicier.

Signé : M. DE LUTEL, N. SAINGEVIN, ANNE DE LUTEL, JEAN D'YÈVRE.

On trouve aux Archives de l'Aube (Ai. 258) tous les dossiers d'un procès daté de 1713, entre Pierre de Lutel, curé du Mesnil-Saint-Loup et les religieuses de Foisy de la congrégation de Fontevrault au sujet de dîmes sur les récoltes de St Lupien, et aussi le dossier d'un procès du même Pierre de Lutel, en 1705, avec la marquise de Laval encore au sujet de dîmes aux qu'elles il avait droit sur les recettes de St Thiébault.

Monsieur Louis Morin, nous apprend par la note suivante recueillie à l'Étude Champeaux, que le 14 Janvier 1660, Pierre de Lutel se démet d'une charge ecclésiastique en faveur de Nicolas de Lutel.

14 Janvier 1660. Chastel. — *Pierre de Lutel*, prêtre du diocèse de Troyes, chapelain de la chapelle de Saint-Jean-Baptiste, fondée en l'église Saint-Etienne, donne procura-

tion pour résigner et remettre entre les mains de N.-S.-P.
le Pape, sa dite chapelle, au profit de *Nicolas de Lutel*, clerc
du diocèse de Troyes.

Cet abbé Pierre de Lutel fut promu, en 1693, à la cure
du Mesnil, charge qu'il résigna en 1715.

Le savant bénédictin Dom Emmanuel auquel je me suis
adressé pour avoir quelques données sur Pierre de Lutel,
son prédécesseur fort éloigné, m'a fait l'honneur de la
lettre suivante :

Mesnil-Saint-Loup, 24 Août 1897.

Monsieur de Lutel,

*Très volontiers je vous communiquerai les petites notes
que j'ai pu recueillir sur mon prédécesseur, M. Pierre de Lutel·*

*M. Chèvre de la Charmotte, curé de Villemaur, écrit dans
les Mémoires qu'il a laissés sur le Mesnil :*

*« Claude Barrat était de Troyes et mourut le 22 avril 1693
dans sa cure .... Il a été relevé le 11 juillet suivant par
Pierre de Lutel de la même ville, nommé par le Commandeur
Claude-Charles Brulard de Sillery. Il quitta en 1714, et se
retira à Troyes, où il est mort en 1740. »*

*J'ai trouvé quelques faits concernant Pierre de Lutel dans
les Actes paroissiaux, aujourd'hui aux Archives de la
commune, et ce que j'ai trouvé, je l'ai inséré dans deux
numéros de notre Bulletin, que j'ai l'honneur de vous adresser
avec cette lettre.*

Mais c'est là tout mon maigre butin.

*Je sais gré toutefois à M. le curé de Villemaur, de nous
avoir appris que M. de Lutel avait été nommé par M. de
Sillery. C'était un ami de Saint-Vincent-de-Paul, et s'il a
nommé M. de Lutel, c'est parcequ'il connaissait en lui un
prêtre de mérite.*

*Agréez, Monsieur, avec mes regrets de vous donner si peu,
tout le respect*

De votre très humble serviteur,

D. EMMANUEL.

Citons maintenant les notes historiques sur la paroisse de Mesnil-Saint-Loup que dom Emmanuel, le Révérend-Père abbé du monastère de Mesnil-St-Loup, a extraites des Actes paroissiaux et qui concernent le personnage qui nous intéresse :

En 1693, visite de l'église par le Frère Jean-Baptiste de Handesens, chapelain conventuel, grand vicquaire et visiteur général dans le grand Prieuré de France. Etait curé, Pierre de Lutel.

Le 7 Juillet 1697, M. le curé de Lutel est parrain d'un enfant de sa paroisse, il lui donne son nom, Pierre; le baptême est fait par M. Nivelle, curé de Saint-Thibault.

A la fin du registre de 1697, M. de Lutel a écrit la note suivante :

Le samedi 13 Juillet de la présente année il y a eu sentence en l'officialité de Troyes par laquelle Jean Solliot, Procureur fiscal audit Mesnil, a esté condamné à me payer la disme d'agneaux à raison de deux sols chaque agneau.

En Novembre 1705, nous trouvons deux fois une dispense de deux bans avant le mariage : une pareille dispense apparaît là pour la première fois. A la fin du registre de cette année, on lit, écrit de la main de M. le curé de Lutel.

« Le vendredi 3 Avril de la présente année, il y a un arrest au Parlement de Paris, par lequel M*** Marie Seguier, marquise de Laval, et Claude Mouillefer, son receveur à St-Thiébault, ont été condamnés à me rendre le sarrazin de rapport que le dit Mouillefer m'avait fait enlever sur le dit finage, contre l'usage, à l'amende et au dépans. »

M. de Lutel était poète à ses heures ; à la fin du registre de 1709, il écrit :

En la présente année
Il y a eu si forte gelée
Que les blés, les vignes et les froments
Les plus anciens arbres ont gelé entièrement
C'est tout dire qu'en 1709
On a vendu dix sols un œuf.

Mesnil-Saint-Loup, à cette époque, comptait cinquante et un feux.

Extrait du Bulletin de l'Œuvre de Notre-Dame de la Sainte-Espérance à Mesnil-Saint-Loup. XIVe année, nos 4 et 6.

L'auteur distingué de tant de pages d'histoire locale, Monsieur l'abbé Petel, curé de Saint-Julien, a eu l'obligeance de nous communiquer un acte par lequel une demoiselle de Lutel, habitant à Paris, fait la vente d'une terre qu'elle possède à Saint-Julien, en 1750.

Un autre chercheur infatigable, Monsieur Louis Morin, me communique la note suivante qu'il a relevée à l'étude de Me Champeaux.

1er Février 1739, — Minute Chastel.

PIERRE DE LUTEL, maître tisserand à Troyes, donne à bail une pièce de terre de trois quartiers, sise à la Vacherie, lieudit les Blossiers. — 18 l. par an.

PIERREDUTEL.

Le nom « Pierre de Lutel » est cité deux fois dans cet acte.

Citons encore dans l'inventaire de Montier-la-Celle, follio 573 r°, n° 203, une reconnaissance du 15 Janvier 1717 par copie collationné extraite du censier couvert de Veaux, follio 314, n° 8, r°, portée par devant Chastel et Movillon, Notaires royaux à Troyes par laquelle Jean Pajot, archer en la Maréchaussée de France, demeurant à Troyes a dit et déclaré que au lieu et par acquet par lui faict de Laurent Louyseau sr du Bois commun et de Madeleine Blondel sa femme ; de Michel Blondel de présent valet de chambre de Madame la duchesse de Bourgogne ; et de Monsieur Joseph de Lutel, vivant, procureur au baillage de Troyes au nom et comme tuteur de demoiselle Anne de Lutel sa fille par contrat du 21 may 1691, les dessus nommés héritiers de defunt Michel Blondel, vivant, receveur des deniers communaux et patrimoniaux de la ville de Troyes.

Membres de la famille de Lutel, qui ont été parrains ou marraines
dans les paroisses de Troyes et des environs

XVISIÈCLE

Gerarde Marguenat (1), veufve de feu Jehan de Lutel, marraine en Avril 1539, en l'Église de Monsieur Sainct Jacques.

Loys de Lutel, parrain d'Isabeau de Javernant, le 2 Juillet 1541, en l'Église de Monsieur Sainct Jacques.

Loys de Lutel, parrain en Aout 1541, en l'Église de Monsieur Sainct Jacques.

Jehanne, femme de Loys de Lutel, marraine, le Dimanche avant les cendres 1542, en l'Église de Monsieur Sainct Jacques.

En Juillet 1588, en l'Esglise de Monsieur Sainct Nicier, honorable homme.......de Lutel, sergent royal à Troyes, assiste Anthoinette, femme de Messire Blampignon, marraine d'Anne, fille de François et d'Odette de Lutel, demeurant « entre deux portes. »

Le 28e jour de Novembre 1590, en l'Église de Monsieur Sainct Nicier.

Le 22 Août 1567, Anne, femme de feu Estienne de Lutel, marraine, à Ste-Marie Magdeleine.

Le 13e jour de Mars 1597, en l'Église de Saincte Marie Magdeleine, Syret de Lutel, parrain de Syret, fils de Pierre Durniez.

Jehan de Lutel, fils de Pierre de Lutel, parrain de Jehanne, fille de Nicolas Camusat, Aoust 1539, à Ste-Marie Magdeleine.

En l'Église de Monsieur St-Jean, le 11 aoust 1540, François, fils de Jehan de Roussy et de Jehanne de Lutel, parrains, François Verdier et François de Villeloup, marraines

---

(1) Les Marguenat, furent plus tard en charge; en 1586, Marguenat, dit le ramoneur, fut fermier des impôts de la ville. En 1616, un autre Marguenat, est échevin de Troyes.

Marthe Morot, femme de maistre Jehan Collinet, lieutenant du......................

En l'Église de Monsieur St-Jean, le 28 Juillet 1543, Jehan de Lutel, est parrain de Nicole, fille de Martin Torsin.

Nicolas de Lutel, parrain à Ste-Marie Magdeleine, le 1er Janvier 1543.

Edme de Lutel, fils de Georges de Lutel, parrain de Anne, fille de Nicolas Dalbanne, le.........Février 1543, ... fils de Georges de Lutel, sergent royal à Troyes, parrain avec Adam de Marigni, le 22 Août 1579, à Ste-Magdeleine.

Le troisième jour de décembre 1575, Anthoine, fils de Anthoine Dauvernier a pour parrain Claude de Lutel, à Saincte-Magdeleine.

.... de Lutel, marraine d'Edmée, fille d'Edmon de Liam, le.........Octobre 1575, à Ste-Magdeleine.

Jean de Lutel, parrain d'Edmon........ Février 1576, à Ste-Magdeleine.

Catherine de Lutel, marraine, à Ste-Magdeleine, le 16 Mars 1578.

La veufve de Jehan de Lutel, marraine, en l'Église de Monsieur St-Jacques, en May 1578.

Le 9 Octobre 1580, Nicole de Lutel, femme de François Bigot, mère de Simon Bigot, et Bonnaventure Janot, femme de Georges de Lutel, sergent royal à Troyes, sont marraines à Ste-Magdeleine.

Le 30 Novembre 1580, la femme de Claude de Lutel est marraine de Guillemette ..... à Ste-Magdeleine.

Le 1er jour de Septembre 1584, Benjamin, fils de François Bigot et ..... de Lutel, sa femme, parrains, Firmain Denfert et Georges, fils de Nicolas de Lutel, marraine, Marguerite, fille de Jacques Gyrot, en l'Eglise Ste Marie-Magdeleine.

Jehan de Lutel, parrain de Marie Girault, en l'Eglise de Monsieur St-Jean, le 25 Août 1585.

Georges de Lutel, parrain à Ste Marie-Magdeleine, le 21e jour de Décembre 1587.

Nicolas de Lutel, parrain à Ste-Magdeleine, le 20 Juing 1589.

Le 8e jour d'Apvril 1595, Loys, fils de François Demay et d'Odette de Lutel, parrain, honorable homme, Loys Grosson assisté de Nicolas Blampignon, fils de Jean Blampignon, marraine Jeanne Gilot Pierrette Courtois, femme de Nicolas de Lutel.

Sur la paroisse de Monsieur Sainct-Nicié, lieudit « entre deux portes. »

C'est à l'obligeance de Monsieur Marot, instituteur à St-Parres-aux-Tertres, que je dois l'acte de baptême où figure le nom d'Anne de Lutel. Le voici :

« L'an 1691, le 21 Juillet, je soubsigné ay Baptisé demoiselle Anne-Marguerite Marguenat (1), fille de Monsieur Jacque Marguenat et de demoiselle Louise Baudouin, a eu pour parrain Monsieur Pierre Poupot et pour marraine Mademoiselle Anne de Lutel. Lesquels ont signé de ce requis.

Signé : J. Poupot (2) et Anne de Lutel. — Vestier (curé) (3). »

Cette Anne de Lutel était née le 28 décembre 1667; elle avait alors par conséquent 24 ans. Elle était fille de Joseph de Lutel, procureur en l'élection de Troyes et de Nicole Singevin. Elle mourut le 24 décembre 1732 et fut inhumée dans l'église de Saint Aventin. Son acte de décès commence ainsi : « Anne de Lutel, fille très sage, âgée de 65 ans. »

---

(1) Les Marguenat étaient seigneurs de Laubressel, près Saint-Parres.

(2) Peut-être Jean-Pierre Poupot, avocat au Parlement de Bar-sur-Seine.

(3) La famille Vestier, une des meilleurs de la ville : en 1589, Jacques Vestier fut rançonné par les ligueurs. Claude Vestier, doyen de la Cathédrale, logea le roi en 1668.

Le 7 juillet 1697, vénérable et discrette personne Monsieur Pierre de Lutel, curé de Mesgnil Sainct-Loup est parrain d'un enfant de la paroisse.

Le 6 septembre 1709, à Saint-Aventin, Pierre de Lutel est parrain de Pierre, fils de Collat, drapier.

Signature : PIERREDUTEL.

Mariages relevés sur les Registres paroissiaux aux archives municipales de la Ville de Troyes

François Jacquot, fils de Nicolas Jacquot (1), de la paroisse Saint-Nizier, épouse le 17 Novembre 1631, Anne de Lutel, fille de Jean de Lutel de la paroisse de Saint-Aventin.

Jean Jauroy épouse Jeanne de Lutel le 30 Août 1633, à Saint-Jean-au-Marché.

« Le 26e d'Octobre 1665, à Saint-Estienne, à esté espousez honorable homme Jacques Maugard, marchand à Troyes, de la parroisse Saincte-Marie-Magdeleine avec honneste fille Magdeleine de Lutel, fille de maître Jacques de Lutel, procureur au baillage et siège présidial de Troyes et marguillier de ceste esglise. »

Jean de Lutel de la paroisse Saint-Nizier, épouse Bonaventure Balduc de la paroisse Saint-Pantaléon, le 26 Avril 1665.

« Le 24e jour de Janvier, à Sainte-Magdeleine, François de Lutel, huissier à Troyes, âgé de 26 à 27 ans, fils de Claude de Lutel aussy huissier audict lieu et de feu honnête femme Nicolle de Roucy (2), ses père et mère, de la paroisse de Saint-Remy, d'une part, et de honneste femme Marie Pasquier, veufve de deffunt Pierre Cabostierre, vivant maître passementier audict Troyes, âgée de 26 ans ou environ, de ceste paroisse, ont esté solennellement épousé ce dict jour toutes choses à ce requises, gardées

---

(1) Avocat de la Ville, puis prévot.

(2) Les de Roucy descendent d'un des sept comtes-pairs du comté de Champagne.

J'ai donné des soins à Madame Veuve de Roucy, la dernière descendante de cette famille de Champagne.

et observées et ce, en présence des témoins souscripts, Marie-Pasquier, de Lutel, Claude de Lutel. »

« Le 19e de Janvier 1683, à Sainte-Marie-Magdeleine, Eustache Gibey, huissier royal, fils de Léon Gibey, de la paroisse Saint-Pantaléon, âgé de 37 ans, et honneste fille Nicole de Lutel, fille de feu maître Estienne de Lutel, commis au greffe de la prévosté, et de honnête femme Jeanne Tartel (1), 35 ans ou environ, de cette paroisse. »

Le 19 de Février 1686, à Sainte-Marie-Magdeleine, honorable homme Estienne Buisson, de la paroisse Saint-Jean au Marché, fils d'honorable homme Innocent Buisson, marchand, et Jeanne de Lutel, fille de feu Estienne de Lutel, commis-greffier à la prévosté, et de Jeanne Tartel. »

Nicolas de Lutel, fils de Jean de Lutel et Marguerite Auger, le 17 Avril 1690 à Saint-Aventin.

Saint-Jacques-aux-Nonnains : « le mardy 27e d'Avril 1694, ont eu lieu les bénédictions nuptiales de Nicolas Bourrelier, veuf de Marie de Lage, d'une part, et de Françoise de Lutel, fille de défunt Jacques de Lutel, laboureur, et de deffunte Marguerite Herbelotte de cette paroisse, d'autre part, en présence de vénérable et discrète personne maître Pierre Charles, chanoine en l'esglise de Troyes et de Pierre Modin, et de Louis Lutel, et de Pierre Hacquin, qui ont tous signé excepté l'époux et l'espouse qui ont déclaré ne savoir signer. »

François de Lutel, fils de deffunt François de Lutel, huissier, et Catherine Moreau à Saint-Estienne, le 10 Novembre 1699.

Le 22e de Novembre 1706, à St-Nizier, Monsieur Charles Jacquemard, veuf de Marie Boin et Anne de Lutel, fille de feu Léon de Lutel et de Marie Dauvet, tous deux de cette paroisse, ont signé Jacques Adam et S. B. Guérin.

---

(1) Fille de M. Tartel, échevin de Troyes.

Le second septembre 1709, à Saint Aventin, Jean-Baptiste Girardon, fils de feu Pierre Girardon, tisserant et Bonaventure Cornet, épouse Bonaventure, fille de Jean de Lutel et de Bonaventure Balduc, tous deux de cette paroisse. Ont signé : Jean Girardon, Claude Girardon, Jean de Lutel, Nicolas de Lutel, L. le Muet.

« Le 5 Mai 1711, à Sainct Nicier, Nicolas de Lutel, fils de Jean de Lutel et de Marie Legendre, ses père et mère de la paroisse de Sainct Quantin, d'une part et Nicole Bourcelot, fille d'Edme Bourcelot et de défunte Charlette Bachet de cette parroisse, après la publication des bans faits par trois divers avis de Dimanche sans aucune opposition, après les cérémonies accoutumées ont été admis à la bénédiction nuptiale en présence des témoins soussignés, la future épouse a déclaré ne savoir signer.

NICOLAS DE LUTEL.   EDME BOURCELOT.

JEAN GIRARDON.   NICOLAS DE LUTEL.

Le 25 Février 1713, à St-Aventin, Jean Maison, maître paticier (1) fils de feu Jean Maison, aussy maître paticier et de Marie Morot, de la paroisse Saint-Nizier, et Perrette, fille de deffunt Jean de Lutel, maitre tisserant et ancien marguillier de cette église et de deffunte Marie Legendre de cette paroisse.

La bénédiction nuptiale donnée par vénérable et discrète personne maître Jean Martin, curé de Bouranton.

Signature : PERRETTE DE LUTEL.

(1) La communauté des maîtres patissiers de la Ville de Troyes, portait d'argent, à une pelle de four de gueules posée en fasce, chargée de trois petits pâtés ronds d'or, (d'Hozier).

Le 19 octobre 1717, à St-Nizier, Pierre de Lutel, fils de Nicolas de Lutel et de Marguerite Auger, ses père et mère, d'une part, de la paroisse Sainct Aventin et Claudée, fille de Jean Paquet, et de feue Marie Demy, ses père et mère, d'autre part, de cette paroisse, après les formalités requises, ont été admis à la bénédiction nuptiale sans qu'il se soit trouvé opposition, les témoins ont signé : NICOLAS DE LUTEL, PIERREDUTEL.

Le 5 Février 1720, à St-Denis, Gabriel D'Aubeterre, (1) agé de 48 ans, fils de feu Pierre d'Aubeterre, marchand-tanneur, et de Marie Bouïllerot, de la paroisse de St-Jean au-Marché et Perrette de Lutel, 34 ans, veufve de Jean Masson, maitre paticier de cette paroisse, Ont soussigné : NICOLAS DE LUTEL, marchand tisserant, JEAN GIRARDON, maitre tisserant, ESTIENNE D'AUBETERRE, marchand mégissier, EDME MICHELIN, marchand tanneur. (2)

Le 16 Février 1722, à Se Magdeleine, Denis Adam, maitre tisserant, fils de J. B. Adam et Edmée de Lutel, fille de deffunt Nicolas de Lutel, maitre tisserant et de Marguerite Auger. Ont signé : PIERRE DE LUTEL, frère de la mariée.

Le 10 Novembre 1723, à Se Magdeleine, Edme Brun, fils de Edme Brun, maitre tisserant, et Marguerite de Lutel, fille de deffunt Nicolas de Lutel, aussy maitre tisserant et de Marguerite Auger.

Le 11 Octobre 1728, à Se Magdeleine, Robert Desbordes maitre tisserant, fils de deffunt Pierre Desbordes, maréchal, et de Simone Coffinet et Nicole de Lutel, fille de deffunt Nicolas de Lutel, maitre tisserant, et de Marguerite Auger.

Ont signé : NICOLAS DE LUTEL et JACQUES COFFINET de Fouchères.

---

(1) Les d'Aubeterre, sont souvent cités dans l'histoire de Troyes. M. d'Aubeterre, maitre de port à Troyes, en 1627 (Arch. de l'Aube 28e Con 2e lsse), est contemporain de feu Pierre d'Aubeterre, marchand tanneur, père du marié.

(2) Un descendant de cette famille de tanneurs, Jacques Michelin, est un des 24 députés du tiers-état de Troyes, élus le 18 mars 1789.

Le 8 de may 1730 a Ste-Magdeleine, mariage d'Edme Chanoine, fils de Edme Chanoine et de Nicolas Dosches, demeurant à Vanlay, et de Reine de Lutel, fille de François de Lutel, huissier, et de feue Catherine Moreau. Consentement donné par deux notaires du bailliage en date du 29 avril et du consentement par écrit de maître de Lutel, huissier.

Le 23 Août 1745, à Saint-Aventin, Jean Coiffart, maistre tisserant, fils de Jean Coiffart, aussy maistre tisserant, et Jeanne Mouton, de la paroisse de Saint-Denis, et Marguerite de Lutel, fille de Pierre de Lutel, aussy maistre tisserant et Claudée Paquet de cette paroisse.

Le 17 Juin 1748, à Saint-Frobert, François Aubry, maître tisserant, ancien marguillier ce cette paroisse, veuf de Marguerite Chandellier et Reine-Anne de Lutel, fille majeure de feu Jean-Baptiste Lutel et d'Anne Clouet, la bénédiction nupciale est donnée par le prêtre-curé de Faux-Fresnoy, desservant encore Saint-Frobert. (1) Empêchement spirituel levé par Monseigneur l'Evêque de Troyes, le 5 Juin 1748.

Consentement de la mère de Reine-Anne de Lutel donné à Paris le 24 May 1748, chez De la Fosse, notaire.

Signé : ANNE DE LUTEL.

---

(1) Faux-Frênay (Marne), à 47 kil. d'Epernay, près de Fère-Champenoise. Le desservant de Saint-Frobert était bénéficier de la cure de Faux-Frênay, qu'il faisait administrer par un vicaire.

Registres des Enfans Baptisez en l'Esglise de Monsieur Sainct Jehan au Marché de Troyez

Membres de la Famille de Lutel
baptisés dans l'Église de
Monsieur Sainct-Jean-au-Marché

XVIᵉ SIÈCLE

Anthoinette de Lutel, n. 9 Janvier 1544, fille de Edme de Lutel.

Jean de Lutel, n. 14 April 1583, fils de Loys de Lutel et de Marie Millot (1) ; parrain Jean Dornonville, marraine, Jeanne, veufve de feu Loys de Lutel.

Simonne de Lutel, n. 13 Février 1585, fille de Jacques de Lutel et de Simonne Potherat, parrain, noble homme Charles Segin, marchand ; marraines, dame Barbe Arson, veufve de feu Laurent Millot et Marie Doué, veufve de feu Bonaventure Monceau.

Pierre de Lutel, n. 22 Mars 1585, fils de Loys de Lutel et de Marie Millot, parrain, Pierre Camusat, marraines damoiselle Pavy et dame Françoise, femme de Jehan Darnonville.

Jehanne de Lutel, n. 24 April 1588, fille de Jehan de Lutel, dit Guillaume, et de Elisabeth des Champs, parrain Jehan des Champs, marraines, Guillemette Potherat, femme de Claude Gombault (2), Michelle Rougeau, femme de Jehan Noel (3).

Etienne de Lutel, n. 29 Juillet 1589, fils de Jehan de Lutel et de Jehanne...... Les parrains, les sieurs Estienne Courcel et Nicolas Bertrand, la marraine Jehanne de Lutel.

---

(1) Les Millot, Echevins de Troyes au xvIᵉ S. portaient de gueules, au cheveron d'or, accompagné de trois testes de cerf du même. (Bibliothèque de Troyes généalogie des Hennequin.

(2) Ce marchand de Troyes est qualifié par Pithou de personnage d'authorité et digne de foy. » (Hist. Seculière et ecclésiastique de la ville de Troyes en Champagne.

(3) Famille de maîtres-papetiers de Troyes. Cette industrie était très florissante avant l'édit de Mars 1565, frappant le papier d'un impôt.

Marie de Lutel, n. 7 Mai 1591, fille de Charles de Lutel de Guillemette Coly, sa femme, les parrains Gerard, Chopin, marraine, Marie Bouillerot.

Jacques de Lutel, n. 22 Décembre 1593, fils de Jehan de Lutel et de Thiennette des Champs, marraine Jehanne des Champs, fille de Jehan des Champs.

Marie de Lutel, n. 19 Septembre 1594, fille de Edmond de Lutel et d'Élisabeth sa femme.

Jehan de Lutel, n. 24 Mars 1596, fils de Jehan de Lutel et d'Élicabeth des Champs, le parrain Jehan de Lutel, marraine Marguerite Gyrard.

XVIIᵉ SIÈCLE

Anne de Lutel, n. 24 April 1601, fille de Jehan de Lutel et de Simonne............... parrain Toussaint Romain, marraines, Anne Malleroy (1) et Marie Payen.

Barbe de Lutel, n. 30 Mars 1618, fille de Jehan de Lutel et de Catherine Raisin, parrain, Jehan Bridet, marraine, Barbe Laurent, femme d'honorable homme Jehan de Gissey.

Marie de Lutel, 13 Juillet 1620, fille de Jehan de Lutel et de Catherine Raisin, parrain, Nicolas Raisin, marraine, Marie, fille d'honorable homme Jehan Bouillerot.

Jehan de Lutel, n. 7 Octobre 1622, fils de Jacques de Lutel et de Claudée Ragon, le parrain, Jehan, fils de noble homme......

Anne de Lutel, n. 23 Décembre 1623, fille de Pierre de Lutel et d'Anne Rousselle.

Marie de Lutel, n. 16 Janvrier 1624, fille de Jacques de Lutel et de Claudée Ragon. Décès, 21 Février 1698, St-Remy veuve de deffunt Claude Gauthier, Sergent.

Thiennette de Lutel, n. 17 Avril 1625, fille de Jacques de Lutel et de Claudée Ragon.

(1) Quelle était sa parenté avec le P. Malleroy, prieur des Jacobins ?

Jehan de Lutel, n. 7 Mars 1625, fils de Pierre de Lutel, et d'Anne Rousselle.

Pierre de Lutel, n. 16 Mars 1626, fils de Pierre de Lutel et d'Anne Rousselle, le parrain, Pierre Pasquier, la marraine, Claudée, femme de Jacques de Lutel.

Hélène de Lutel, n. 15 Janvier 1627, fille de Jacques de Lutel et de Claudée Ragon.

Jeanne de Lutel, n. 30 Janvier 1629, fille de Jacques de Lutel, dit Guillaume, et de Claudée Ragon.

Pierre de Lutel, n. 26 Janvier 1630, fils de Jacques de Lutel, et de Claudée Ragon, marraine, Anthoinette Ragon, femme de Pierre Rabiot, tailleurs d'habits.

Françoise de Lutel, n. 13 Août 1631, fille de Jacques de Lutel et de Claudée Ragon.

Agnès de Lutel, n. 19 Mai 1633, fille d'honorable homme Nicolas de Lutel, et d'honeste femme Hélène Lejeune (1), parrain, maistre Nicolas de Lutel, Procureur, marraine, honneste dame Agnès, femme d'honorable homme, Jehan de Vitry (2).

Jacques de Lutel, n. 30 Novembre 1634, fils de Jacques de Lutel et de Claudée Ragon.

Simonne de Lutel, n. 6 Octobre 1636, fille de Jacques de Lutel et de Claudée Ragon, parrain, Nicolas Began, marraine, Simonne Ragon, femme de Pierre le Niot.

Jeanne de Lutel, n. 6 Mai 1638, fille de Jacques de Lutel et de Claudée Ragon.

Catherine de Lutel, n. 18 Septembre 1639, fille de Jacques de Lutel et de dame Claudée Ragon, son parrain Estienne Reynier, sa marraine dame Catherine Ragon.

Pierre de Lutel, n. 30 May 1643, fils de Pierre de Lutel et d'Hélène Babeau, des Faux-Fossés.

Marguerite de Lutel, n. 25 Janvier 1643, fille de Jean de Lutel et de Marguerite Foicy.

---

(1) M. Lejeune, avait été élu Maire de Troyes en 1629.
(2) En 1358, un des ancêtres de Jean de Vitry, était Chancellier des Foires.

Françoise de Lutel, n. 4 Juin 1644, fille de Jean de Lutel et de Marguerite Foicy, le parrain, Claude, fils de Nicolas Gillot, Françoise Le Rouge, (1) sa marraine.

Jeanne de Lutel, n. 12 Octobre 1646, fille de Jean de Lutel et de...... parrain, honorable homme, Abraham Massey, marraine, honneste femme Jeanne Camusat.

Jean de Lutel, n. 31 Octobre 1653, fils de Jacques de Lutel et d'Anthoinette Massey.

Marie de Lutel, n. 3 Septembe 1655, fille de Claude Lutel, et de Marie Bataille.

Enoch de Lutel, n. 29 Mai 1656, fils de Edme de Lutel et de Marie Auvy.

Louis de Lutel, n. 22 Mars 1657, fils de Jean de Lutel et de Catherine Hervé.

Jean de Lutel, n. 20 Juillet 1658, fils de Jean de Lutel et de Catherine Hervé.

Claude de Lutel, n. 28 Mars 1659, fils de Claude de Lutel et de Marie Bataille.

Nicolas de Lutel, n. 16 Juin 1660, fils de Jean de Lutel et de Catherine Hervé.

Anne de Lutel, n. 3 Avril 1666, fille de Jean de Lutel et de Bonaventure Bardin, parrain, Claude Durand, marraine, Anne Billot.

Jean de Lutel, n. 27 Avril 1667, fils de Claude de Lutel, commis au greffe du bailliage et siège présidial de Troyes.

Agnès de Lutel, n. 27 Octobre 1673, fille de Thomas de Lutel, vigneron, et de Marie Gossard, le parrain, Nicolas de Lutel, fils de Thomas de Lutel, la marraine..... de Lutel.

Signature du parrain : Thomas Lutel.

_____

(1) Famille d'Imprimeurs.

XVIIIe SIÈCLE

Marie-Anne de Lutel, n. 27 Juin 1725, fille de François de Lutel, huissier, et de Françoise Michelin.

(Décédée le 13 Juillet 1758, à l'âge de 32 ans ou environ veufve de Jean Malingre, laboureur, et inhumée dans le cimetière de St-Jacques-aux-Nonnains.)

Registres des Baptesmes faicts en l'Eglise de Monsieur St-Remy de Croies

Membres de la Famille de Lutel, nés et baptisés en la paroisse et l'Esglise de Monsieur Sainct-Remy.

XVIᵉ SIÈCLE

Guillemette de Lutel, n. 19 Février 1579, fille de Philippe de Lutel, et de Françoise de Biet, parrain, honorable homme Jacques Cautelle, marraine, Guillemette, fille de feu Pierre Norroy et Guillemette, fille de feu Jehan Bryet.

Marie de Lutel, n. 25 Février 1579, fille de Edmond de Lutel et de Catherine Pinsot, parrain, honorable homme Jacob Bourgeois, (1), marraine damoiselle Marie, femme de feu Claude........ et Simonne Pinsot, femme de feu Jehan......

Jean de Lutel, n. 6 Octobre 1581, fils de Philippe de Lutel et de Françoise de Biest, parrain, François Dumont(2).

Marguerite de Lutel, n. 22 Avril 1585, fille d'Edmond de Lutel, et de Catherine, sa femme.

Jehanne de Lutel, n. 9 Avril 1592, fille de Philippe de Lutel, et de Françoise de Biest, sa femme.

Jehanne de Lutel, n. 24 Août 1598, fille de Jehan de Lutel et de Nicolle, sa femme, marraines Guillemette le Maire, fille de Jehan le Grand et Pierrette Goussier, femme de maistre Bompart (3), parrain Nicolas la Rate, tisserand de toiles.

---

(1) Honorable famille de Troyes. Guillaume Bourgeois, rançonné par les ligueurs en 1589; François Bourgeois, au nombre des victimes massacrées le 4 Sept. 1572. Voir Pithou.

(2) Est-ce Dumont, archer de la porte du Roi, lequel ayant obtenu de Henri III l'office de courtier tant de change de deniers que de draps et autres marchandises, se vit refuser par le conseil de ville la délivrance de l'office ?

(3) La veuve de Jean Bompart, Anne Saunier, avait dû s'expatrier en 1554, lors de la persécution des réformés. Les Bompart comptaient parmi les meilleurs habitants de la ville.

XVIIᵉ SIÈCLE

Simon de Lutel, n. 19 Janvier 1607, fils d'honorable homme, maistre de Lutel et de Magdeleine sa femme, les parrains, honorables hommes, Jehan Girardon et Jehan, fils de Lorrain Torsin, et pour marraine, Simonne........ qui a donné son nom Simonne.

Magdeleine de Lutel, n. 26 Juin 1637, fille de Claude de Lutel, huissier et de Nicole de Roussy, parrain Louis Bourgeron, greffier, marraine, Magdeleine Nicole de Roussy.

Perrette et Marie de Lutel, n. 20 Février 1639, enfants gémaux de Claude de Lutel, sergent royal et de Nicole de Roussy.

Claude de Lutel, n. 3 Avril 1640, fils de Claude de Lutel, sergent royal, et de Nicole de Roussy, parrain, Claude Laurent, marchand de drap, marraine, Anne, fille de Jean Guyot.

Anne de Lutel, n. 3 mars 1647, fille de Messire Jacques de Lutel, procureur au bailage et siège présidial de Troyes et d'Anne le Borgne, parrain, Simon Rousselot, greffier des faux bourgs, la marraine Anne Maillet (1) femme de Jsseph de Lutel, procureur.

Jean de Lutel, n. 29 Avril 1656, fils de Claude de Lutel, huissier, et de Nicole de Roussy.

Anne de Lutel, n. 18 Mai 1657, fille de Claude de Lutel, huissier, et de Nicole de Roussy.

(1) Les Maillet avaient chacun leurs armoiries où se trouvent toujours un, deux ou trois mailets d'or. Edmond Maillet, échevin en 1568.

Charles Maillet, rançonné par les ligueurs avec plusieurs notables de la ville en 1589.

Nicolas, enseigne d'une des compagnies de la milice de Troyes, prend possession de la maison de Ludot, en 1567.

Thomas, memb. du Conseil de ville en 1431.

Thomas, entré au Conseil de ville, sans droit à la faveur de la ligue est rayé de la liste et ensuite réélu, le 2 Juin 1594.

Marie-Anne de Lutel, n. 28 Décembre 1667, fille de Joseph de Lutel, procureur en l'élection de Troyes et de Nicole Singevin, parrain, honorable homme Laurent Henrion, marraine, Marie, femme de maistre Denis Singevin, greffier de la dite élection.

Marguerite de Lutel, n. 11 Mars 1669, fille de Joseph de Lutel, Procureur et de Nicole Singevin, parrain, Joseph de Lutel, marraine Marguerite Villain, femme de Michel Blondel, receveur de la ville (1)

Marie de Lutel, n. 28 Mars 1670, fille de Joseph de Lutel, procureur et de Nicole Singevin, parrain, maistre Sébastien Lévesque, premier commis au greffe de l'élection de Troyes, marraine, Marie de Lutel, fille de Jacques de Lutel, procureur aussy.

Edmée de Lutel, n. 29 Janvier 1700, fille de François de Lutel, praticien (2) et de Catherine Moreau, parrain, Paul Boudelot, marraine, Edmée Valet.

D. 5 Février 1700.

Jean de Lutel, n. 10 Août 1701, fils de François de Lutel, praticien et de Catherine Moreau, parrain, Jean Boutard, marraine, Charlotte de Launay.

Marguerite de Lutel, n. 10 Janvier 1703, fille légitime de François de Lutel, praticien, demeurant en cette parroisse et de Catherine Moreau, le parrain, Laurent Besançon, la marraine, Marguerite Moreau.

D. 18 Janvier 1703.

Pierre de Lutel, n. 23 Février 1704, fils de Pierre François de Lutel, archer de la maréchaussée de robe courte et de Catherine Moreau, parrain, Pierre Gouny, huissier, marraine, Anne Sirvy, femme Dermipion.

D. 1er Janvier 1706, à St-Jacques.

---

(1) Incarcéré en 1657, pour dettes communes.
(2) Le titre de praticien n'indique point un personnage exerçant la Médecine, mais le Droit : c'est le capacitaire en droit.

Registres des Baptesmes de la Paroisse es Eglise de Monsieur St-Aventin de Troies

Enfants appartenant à la Famille de Lutel, tenus et Baptisés sur les Saincts fonds de l'Église de Monsieur Sainct Aventin (1)

XVIIe SIÈCLE

Claude de Lutel, n. 10 Décembre 1606, fils de Jean de Lutel, tisserand de toile, et de Nicole Michelin, sa femme.. marraine, Marie Millot.

Le 27 Avril 1679, est née et baptisée une fille de Jean de Lutel et de Bonaventure Balduc, qui a été nommée Bonaventure, par Marie, fille de feu François Jacquot, assistée de Denis, fils d'Edme Marney, qui ont signé avec le père : L. MARNEY, MARIE JACQUOT, JEAN DE LUTEL.

Perrette de Lutel, n. 24 Février 1687, fille de Jean de Lutel et de Marie Legendre, marraine, Perrette Dauxert, parrain, Nicolas Pillard.

D. 28 Janvier 1747, inhumée en l'Église Sainct Denis, veufve de Gabriel Despréaux, 60 ans ou environ, signature d'un témoin : DE LUTEL.

Nicolas de Lutel, n. 7 Décembre 1689, fils de Jean de Lutel et de Marie Legendre, parrain, Nicolas Girardon, Marraine Anne Morlot.

Jean de Lutel, n· 10 Août 1688, fils de Jean de Lutel et de Marie Legendre, parrain, Jean Baillot, marraine, Marie Poussin.

Pierre de Lutel, n. 9 Novembre 1691, fils de Jean de Lutel et de Marie Legendre, parrain, Pierre Thévenot, marraine, Jeanne Bellehure. (2).

---

(1) L'église paroissiale de St-Aventin, était situé à l'extrémité nord de la rue qui porte ce nom. Au moyen-âge, cette rue était connue sous trois dénominations répondant à trois noms d'enseigne : de Lorde-Boue, (1450), du Soleil et des Trois-Merles. Le Cimetière de St-Aventin, proche de l'église, était en face de la rue du Cul-Chaud, nommée depuis rue Breslay, sans doute en mémoire de Mgr René de Breslay, Evêque de Troyes (1605). Il portait pour armes: d'argent au lion rampant de gueules, cantonné à dextre d'un croissant d'azur. Il fit de vains efforts pour établir les Jésuites en cette ville. L'église Sainct-Aventin à été démolie vers 1850. Elle était demeurée fermée depuis la Révolution.

(2) G. 4030 liasse, aux Arch. de l'Aube. invitation de la part de Madame la veuve Bellehure à assister à la profession de ses deux filles qui doit se faire en l'église des Ursulines. Il y aura prédication par le R. P. Poupel prieur des « Marêts » anno 1701.

Marie de Lutel, n. 7 Mai 1691, fille de Nicolas de Lutel, maître-tisserand, et de Marguerite Auger.

Le 26e jour de Juillet 1692, une fille de Nicolas de Lutel et de Marguerite Auger, baptisée en naissant par la sage-femme est décédée et inhumée en ceste église, en présence de son père et de son grand-père, qui ont signé : JEAN DE LUTEL, NICOLAS DE LUTEL.

Marie de Lutel, n. 14 Octobre 1692, fille de Nicolas de Lutel, maître tisserand, et de Marguerite Auger.

Nicolas de Lutel, n. 5 Octobre 1698, fils de Nicolas de Lutel, maître tisserand, et de Marguerite Auger.

Pierre de Lutel, n. 26 Décembre 1694, fils de Nicolas de Lutel et de Marguerite Auger, parrain, Pierre Bailly, marraine Jeanne Adam.

Jean de Lutel, n. 24 Septembre 1696, fils de Nicolas de Lutel et de Marguerite Auger.

XVIIIᵉ SIÈCLE

Edmée de Lutel, n. le 19 Septembre 1700, fille de Nicolas de Lutel, maître tisserand, et de Marguerite Auger, parrain, Joseph....... marraine, Edmée Champy.

Marguerite de Lutel, n. 21 Février 1702, fille de Nicolas de Lutel, maître tisserand, et de Marguerite Auger.

Anne de Lutel, n. 5 Septembre 1703, fille de Nicolas de Lutel et de Marguerite Auger.

Françoise de Lutel, n. 7 Novembre 1716, fille de Nicolas ds Lutel, maître tisserand et de Nicole Bourcelot.

Pierre de Lutel, n. 4 Janvier 1718, fils de Nicolas de Lutel, maître tisserand, et de Nicole Bourcelot, décédé le 8 Septembre 1718, inhumé dans cette église.

Signé : THIENNOT, Vicaire.

Jeanne de Lutel, n. 5 Janvier 1719, fille de Nicolas de Lutel, maître tisserand et de Nicole Bourcelot, parrain, Beaufils, charpentier, marraine Jeanne la Ratte.

D. 12 Janvier 1719.

Marguerite de Lutel, n. 20 Octobre 1719, fille de Pierre de Lutel, maître tisserand, et de Claudée Pasquet.

Marguerite de Lutel, n. 6 Janvier 1720, fille de Pierre de Lutel, maître tisserand, et de Jeanne Ruelle.

Huberte de Lutel, n. 11 Mars 1721, fille de Pierre de Lutel, maître tisserand, et de Nicole Bourcelot.

Anne de Lutel, n. 23 Mars 1721, fille de Pierre de Lutel, maître tisserand, et de Jeanne Ruelle.

Anne de Lutel, n. 4 Mai 1721, fille de Nicolas de Lutel, maître tisserand, et de Nicole Bourcelot.

D. le 3 Octobre 1724.

Marguerite de Lutel, n. 12 Juillet 1722, fille de Nicolas de Lutel, maître tisserand, et de Nicole Bourcelot.

D. 24 Novembre 1722.

Nicolas de Lutel, n. 6 Novembre 1722, fils de Nicolas de Lutel, maître tisserand, et de Marie Pasquet.

Claude de Lutel, n. 26 Mars 1724, fils de Nicolas de Lutel, maître tisserand.

Nicolas de Lutel, n. 1 Juin 1724, fils de Pierre de Lutel, maître tisserand, et de Claudée Pasquet.

D. le 12e jour de May 1723.

Bonaventure de Lutel, n. 17 Avril 1725, fille de Nicolas de Lutel, maître tisserand, et de Nicole Bourcelot.

D. 28 May 1726.

Claude Nicolas de Lutel, n. 17 Octobre 1726, fils de maistre Nicolas de Lutel, marguiller, maître tisserand, et de Nicole Bourselot.

D. 19 Septembre 1728.

Laurent de Lutel, n 22 Janvier 1728, fils de Pierre de Lutel, maître tisserand, et de Claudée Pasquet.

Anthoine et Anne-Thérèse de Lutel, n. 2 Février 1731, enfants gemaux, nés de Pierre de Lutel, maître tisserand, et de Claudée Pasquet.

Pierre de Lutel, n. 24 Février 1767, fils de Jean de Lutel, de la paroisse St-Nizier, maître tisserand, et de Hélène Vincelot.

D. 28 Février, au dit an. Le père a déclaré ne pas savoir signer.

Registres contenans les noms et surnoms des Pères
et Mères, Parrains et Marraines et de tous
les Enffans Baptisés en l'Eglise de Monsieur
Sainct-Nicier de Troyes

Membres de la Famille de Lutel, baptisés en l'église de Monsieur Sainct Nicier

XVIe SIÈCLE

Jehan de Lutel, n. 6 Février 1584, fils de Nicolas de Lutel et de Guillemette Goujon, en la rue Sainct Loup, parrain, Jehan Goujon, assisté de Jehanne Molin, femme de François Pothier (1) et de Jehan Levesque.

François de Lutel, n. 17 Août 1589, fils de Edme de Lutel et de Jeanne Niot, devant l'imaige du grand Sainct Sébastien en la rue du Breschet (2), parrain François Contant.

XVIIe SIÈCLE

Jean de Lutel, n. 6 Février 1628, fils de Jean de Lutel, maître tisserand de toiles, et d'Anaïs Ledanté.

François de Lutel, n. 18 Mars 1639, fils de Jean de Lutel et d'Anaïs Ledanté.

Anne de Lutel, n. 19 Mars 1841, fille de Jean de Lutel, maître tisserand, et d'Anaïs Ledanté, sa femme, a été baptisée, lavé et tenue par Anne Aubry, femme de François Colas, assistée de François Jacob, tixerant de toille.

Jean de Lutel, n. 22 Mars 1643, fils de Jean de Lutel et d'Anaïs Ledanté.

Anne de Lutel, n. 3 Mars 1647, fille de Jean de Lutel, maître tisserand et n'Anaïs Ledanté.

D. 28 Décembre 1675, Jean de Lutel, son père est décédé.

---

(1) De la famille des peintres troyens, concourut à la décoration do la ville pour la réception de Henri II à Troyes.

(2) Portion de la rue Saint-Jacques, actuellement rue Kléber, dont le nom était pris d'une enseigne.

Jean de Lutel, n. 10 Février 1648, fils de Jacques de Lutel et de Anne Borgne, parrain, Jean Borgne, procureur, marraine...... veufve de Nicolas de Lutel, marchand à Troyes.

Jeanne de Lutel, n. 14 Novembre 1651, fille de Pierre de Lutel et de Edmée Babeau.

François de Lutel, n. 9 Septembre 1652, fils de Nicolas de Lutel et de Marie Collin.

Edme de Lutel, n. 16 Septembre 1654, fils de Nicolas de Lutel et de Marie Collin.

XVIIIᵉ SIÈCLE

Bonaventure de Lutel, n. 12 Juillet 1710, fils de Jean de Lutel et de Bonaventure Balduc.

Anne de Lutel, n. 17 Février 1713, fille de Nicolas de Lutel, maître tisserand et de Nicole Bourcelot.

Nicolas de Lutel, n. 3 Septembre 1714, fils de Nicolas de Lutel, maître tisserand et de Nicole Bourcelot.

Marie-Magdeleine de Lutel, n. 6 Décembre 1715, fille de Nicolas de Lutel, maître tisserand et de Nicole Bourcelot.

Françoise de Lutel, n. 20 Décembre 1717, fille de Pierre de Lutel, maître tisserand et de Jeanne Ruelle.

D. 27 Décembre 1717, l'acte porte fille de Pierre Lutel et la signature est Pierre de Lutel.

Perrette-Geneviève de Lutel, n. 4 Janvier 1718, fille de Nicolas de Lutel, maître tisserand et de Nicole Bourcelot, parrain.... marraine Perrette de Lutel.

Jeanne-Marguerite de Lutel, n. 9 Décembre 1718, fille de Pierre de Lutel, maître tisserand et de Jeanne Ruelle.

Marguerite de Lutel, n. 20 Octobre 1719, fille de Pierre de Lutel, maître tisserand et de Claudée Pasquet, parrain, Jean Pasquet, marraine, Marguerite Anne.

Signatures : P...QUET, PIERREDUTEL.

Jeanne de Lutel, n. 4 Avril 1720, fille d'Edme de Lutel maître tisserand, et de Marie Tintrelin ; le père a signé : EDME LUTEL.

D. 9 Octobre 1755, 30 ans, Hôtel-Dieu, venue de la paroisse Ste-Magdeleine.

Laurent de Lutel, n. 7 Mars 1721, fils de Nicolas de Lutel et d'Élisabeth Maucourt, le père à signé NICOLAS UTEL.

D. 10 Mai 1721, Laurent de Lutel est déclaré fils de Nicolas Lutel et d'Élisabeth Maucourt.

Honoré de Lutel, n. 18 Janvier 1728, fils de Jean-Baptiste de Lutel, courtier en chevaux (1).

Jean-Simon de Lutel, n. 17 Février 1755, fils de Simon de Lutel, maître tisserand et d'Edmée Guillier, son épouse, parrain, Jean Guillier, compagnon cordier, marraine, Roche Guillier, épouse de Jean Tollain, aussy maître tisserant, laquelle et le père ont déclaré ne savoir signer.

---

(1) En Juin 1375, *pour obvier aux fraudes et déceptions qui avaient lieu en matière de marchandise de chevaux*, Aubriet, prévost de Paris, créa des places de Couratiers près des marchés aux chevaux. C'étaient des experts assermentés et à cautionnement qui, moyennant une prime de six deniers pour livre assistaient l'acquéreur qui les requérait et l'éclairaient sur les vices patents ou cachés de l'animal. De couratiers on fit coratiers d'où dériva le verbe correter que l'on ne trouve dans aucun glossaire. L'ordonnance de police de 1693 défend à tous marchands cortiers et autres de piquer, faire courir ni correter les chevaux au delà de la Madeleine.

Registres des Baptesmes faicts en l'Eglise Saincte-Marie-Magdeleine à Troyes

Membres de la Famille de Lutel,
nés et baptisés, sur la Paroisse Saincte Marie-Magdeleine.

Jehanne de Lutel, n. 21 Août 1539, fille de Jehan de Lutel, fils de Pierre de Lutel, marraine Jehanne.........
femme de Jehan..... et Jehanne, fille d'Edmond de Lutel.
D. in eodem die.

Guillemette de Lutel, n. 15 Septembre 1540, fille de Guillaume de Lutel, parrain... marraines, Guillemette, fille de Nicolas de Lutel, Guillemette, femme de Nicolas Camusat,

Loyse de Lutel, n. 15 Decembre 1542, fille de George de Lutel, dit Guillemot.

Jehan de Lutel, n. 22 Juing 1542, fille de Guillaume de Lutel, parrain vénérable et discrète personne, maître Jehan Gibon. Les marraines, la femme de maistre Aubriot Chapuis advocat, et Catherine, femme de Pierre Hugot, praticien.

Edmée de Lutel, n. 22 Juin 1542, fille de Simon de Lutel, parrain, Nicolas.... marraine, la femme de deffunt maître Estienne de Lutel.

Mathurin de Lutel, n. 22 Avril 1545, fils de Loys de Lutel et de........ parrains, Mathurin Marot, Pierre Goudault, marraine, Anthoinette Riglet (1).

Jehan de Lutel, n. 2 Juillet 1546, fils de Loys de Lutel, parrains, Jehan Rimbault et Edmond de Lutel, marraine, Magdeleine Mathurin.

Nicolas et Jehanne de Lutel, enfant gémaux, n. 21 Juillet 1567, enfants de Nicolas de Lutel dit Guillemot, une des marraines est la femme de Claude de Lutel, un des parrains est Guillaume de Lutel.

---

(1) Nicolas Riglet, maire de Troyes, 1544-45, augmente la défense de la ville d'une façon extraordinaire.

Anne de Lutel, n. 1er Apvril 1568, fille de Edmond de Lutel et de Catherine sa femme.

Nicolas de Lutel, n. 17 Apvril 1575, fils de Nicolas de Lutel, parrains maître Edme....., advocat et maître Nicolas.......

Anthoine d'Aubeterre, n. 2 Décembre 1575, fils de Anthoine d'Aubeterre, (1) et de Claudée de Lutel.

Bernarde de Lutel, n. .... Juing 1581, fille de George de Lutel, sergent royal au baillage de Troyes, et de Bonaventure Junot, parrain, Loys Barbier, sergent royal au baillage de Troyes, marraine, demoiselle Bernarde Bailly, femme de noble homme Edme Maillet, advocat au baillage.

Pierre de Lutel, n.... Février 1583, fils de George de Lutel et de Bonaventure Junot.

Louis de Lutel, n. 17 Juillet 1587, fils de George de Lutel, sergent royal à Troyes, parrain, Louis Guillemin, commis au greffe du baillage de Troyes et François Dominique, marchand, marraine, honeste femme Marie Prevost.

Catherine de Lutel, n. 14 Janvier 1597.

Catherine de Lutel, n. 14 Mars 1597, fille de maistre Nicolas de Lutel, procureur au baillage de Troyes et de Guillemette Potherat, sa femme, marraine, Catherine, femme de feu Jehan Potherat, en son vivant sergent royal.

Nicolas de Lutel, n. 24 Juing 1597, fils de Nicolas de Lutel, marchand à Troyes et de Jacqueline Simon, sa femme, parrains, messire Nicolas de Lutel, passementier, et Nicolas de Lutel, procureur, marraine, Anne le Biest, fille de Jacques le Biest.

Georgette de Lutel, n. 26 Juillet 1598, fille de Nicolas de Lutel, procureur au baillage de Troyes, et de Gillette Potherat, parrain, George de Lutel, sergent royal, marraine,

---

(1) En 1575, M. d'Aubeterre venait d'être choisy par le Roy parmi les échevins pour être maire de Troyes.

Marguerite Legendre, femme de noble homme Potherat (1) et Anne Potherat, femme de Estienne Coiffart, sergent.

XVIIᵉ SIÈCLE

Marguerite de Lutel, n. 9 Juillet 1600, fille de maître Nicolas de Lutel, procureur à Troyes et de Gillette Potherat, parrain, Jehan Borgne, sergent royal, marraine, Odette de Lutel.

Pierre de Lutel, n. 22 Février 1606, fils de messire Jehan de Lutel, procureur et de dame Elisabeth Fort.

D. 11 Novembre 1668, Sᵗ-Nizier, demeurant à Nervaux.

Anthoinette de Lutel, n. 24 Octobre 1607, fille de messire Nicolas de Lutel, procureur, et de Gillette Potherat.

Jean de Lutel, n. le 14 Juillet 1606, fils de Jehan de Lutel et de Marie Borgne.

Glllette de Lutel, n. le 2 Septembre 1606, fille de François de Lutel, commis au greffe en l'élection de Troyes, et de dame Marie-Françoise, sa femme. Parrain, Guillaume de Laubressel, conseiller du roy à Troyes. Marraine, Gillette Potherat, femme de maître Nicolas de Lutel, procureur.

Nicolas de Lutel, n. 14 juillet 1608, fils de Joseph de Lutel et de Marguerite Borgne, sa femme, a esté baptisé et a eu pour parrain, maistre Nicolas de Lutel, procureur au baillage et siège présidial de Troyes.

Jeanne de Lutel, n. 23 Janvier 1624, fille de Jean de Lutel, marchand passementier et de Marie Borgne.

Pierre de Lutel, n. 14 Janvier 1629, fils de Joseph de Lutel et de Barbe, marchand, parrain, Pierre Barrois, fils de Loys Barrois, notaire à Troyes.

Anne de Lutel, n. 14 Juing 1639, fille de maître Jacques de Lutel, procureur au baillage et siège présidial de Troyes

(1) La Famille Potherat, fut anoblie en récompense de ses efforts pour l'amélioration de l'Industrie à Troyes.

et d'honneste femme Anne le Borgne a esté baptisée aujourdhuy a eu pour marraine, qui luy a imposé son nom honneste femme Anne Raguier, son ayeule maternelle, sœur de maistre Jean le Borgne, aussy procureur, assistée de son parrain maître Jacques Singevin eslu en l'Élection de Troyes.

Nicolas de Lutel, n. 16 Septembre 1640, fils de messire Jacques de Lutel, procureur au baillage et siège présidial de Troyes, et d'honeste femme Anne le Borgne, parrain, Nicolas de Lutel, marraine, Anne Journée.

Marie de Lutel, n. 26 Mai 1642, fille de maître Jacques de Lutel, procureur, et d'Anne le Borgne.

Marie de Lutel, n. 30 Août 1643, fille de Nicolas de Lutel, greffier, et de Nicole de Roussy.

Magdeleine de Lutel, n. 27 Octobre 1646, fille d'honorable homme maistre Joseph de Lutel, procureur au baillage et siège présidial de Troyes et d'Anne Maillet, sa femme, parrain, maistre Jacques de Lutel, aussy procureur.

Marie de Lutel, n. 21 Février 1645, fille d'Estienne de Lutel, commis greffier, et de Jeanne.

Marguerite de Lutel, n. 7 Avril 1646, fille de Claude de Lutel, huissier, et de Nicole de Roussy.

Joseph de Lutel, n. 12 Février 1622, fils de Nicolas de Lutel, procureur, et de Gillette Potherat (1) sa femme, a esté baptisée sur les sainct fonds de la Magdeleine par messire..... curé de la paroisse. Parrain, noble homme messire Joseph Quinat (2) conseiller au baillage de Troyes, et damoiselle Mary de.... fille de noble homme maître Jehan Potherat eslu en l'Élection de Troyes.

Pierre de Lutel, n. 19 Janvier 1648, fils de Joseph de Lutel et d'Anne Maistre, le parrain, Pierre de Lutel.

---

(1) Seigneur de la Chapelle Saint-Luc.
(2) Seigneur de Batilly.

Nicole de Lutel, n. 16 Février 1648, fille d'Estienne de Lutel, commis greffier.

Jeanne de Lutel, n. 26 Février 1648, fille de Claude de Lutel, huissier à Troyes et de Nicole de Roussy, parrain, Simon Rousselot, greffier des faux-bourgs de Troyes.

Edmond de Lutel, n. 9 Mars 1649, fils d'honorable homme maistre Joseph de Lutel, procureur, et d'honeste femme Edmée Maillet. marraine, Anthoinette de Lutel.

Ont signé : Maistre JACQUES DE LUTEL et SINGEVIN.

François de Lutel, n. 4 Août 1649, fils de Claude de Lutel, greffier, parrain, honorable homme, François Paillot (1) marchand.

Joseph de Lutel, n. 15 Avril 1650, fils de Joseph de Lutel et d'Anne Maître, parrain, maistre Joseph de Lutel, marraine, femme d'honorable homme Martin de Lutel.

Jeanne de Lutel, n. 15 Mai 1651, fille de maistre Estienne de Lutel, commis au greffe et dame Jeanne Tartel (2) parrain, Edme Nortoir, fils de Jacques Nortoir, bourgeois, marraine, Jeanne David, fille de David, marchand.

Anne de Lutel, n. 18 Novembre 1651, fille de Joseph de Lutel, procureur, et d'Edmée Maillet.

Anne de Lutel, n. 17 Avril 1653, fille de Joseph de Lutel procureur et d'Anne Maillet.

Pierre de Lutel, n. 24 Mars 1654, fils d'Estienne de Lutel, commis greffier, et de dame Françoise.

Françoise de Lutel, n. 19 Septembre 1654, fille de Claude de Lutel, huissier, et de Nicole de Roussy, marraine, Françoise Laurent, fille de messire Martin Laurent, assisté du fils de maistre Remy Barrat (3), notaire royal à Troyes.

D. 27 Août 1675, Saint-Remy.

---

(1) Un François Paillot est élu consul marchand en 1564.

(2) Famille de procureurs. M. Tartel, le beau-père d'Estienne de Lutel, est échevin de Troyes en cette année 1651.

(3) Plusieurs Barrat, sont membres du conseil de ville.

Anne de Lutel, n. 25 Avril 1655, fille de Joseph de Lutel, procureur, et d'Anne Maillet.

André de Lutel, n. 18 Mai 1656, fils d'Estienne de Lutel, commis gréffier, et de Jeanne Tartel.

Marie de Lutel, n. 18 Février 1657, fille de Joseph de Lutel, procureur au baillage et siège présidial de Troyes, et de Anne Maillet, parrain, Denis Rigoley, fils de Rigoley, procureur, marraine, Marie de Lutel, fille de Jacques de Lutel, procureur aussy.

Marie de Lutel, n. 18 Février 1657, fille de messire Joseph de Lutel et d'Edmée Maillet.

Marie de Lutel, n. 10 Septembre 1658, fille de Joseph de Lutel et d'Anne Maillet, marraine, honeste femme de Joseph le Rouge, fille de noble homme de Corberon, advocat au parlement.

Marguerite de Lutel, n. 25 Septembre 1658, fille d'Estienne de Lutel, commis au greffe de la prévosté, et de Jeanne Tartel, parrain, Anthoine Clerget, noble homme, conseiller du roy, eslu en l'élection de Troyes et échevin de la ville (1), marraine, Marguerite Maillet, fille de noble homme, maistre Pierre Maillet, conseiller du roy.

Christophe de Lutel, n. 11 Janvier 1661, fils de maistre Estienne de Lutel, huissier, et de Jeanne Tartel.

Anne de Lutel, n. 26 Novembre 1665, fille de maître Joseph de Lutel, procureur au baillage et siège présidial de Troyes, et de Marguerite Blondel, parrain, honorable homme, Michel Blondel, receveur de la ville de Troyes, marraine, honeste femme Anne le Borgne, femme de Jacques de Lutel, procureur.

D. 22 Février 1715, sur la paroisse Sainte-Marie-Magdeleine, veuve de Enoch de Lutel.

Hélène de Lutel, n. 16 Février 1678, fille de Joseph de Lutel, procureur, et d'honneste femme Nicole Singevin,

---

(1) Décrété de prise de corps, mais déchargé le lendemain de toutes poursuites pendant les luttes de M. Marcou, maire de Troyes, avec MM. du baillage.

parrain, Blondel, procureur, marraine, Anne de Lutel, fille de Joseph Lutel.

François de Lutel, n. 24 Août 1678, fils de François de Lutel, huissier, et de Marie Pasquier, parrain, maître Comparot, homme en dignité de l'église Saint-Urbain, marraine, la femme du président Comparot, demoiselle Hédelin.

D. 19 Novembre 1731, 56 ans ou environ, huissier sur la paroisse Saint-Nicolas.

Marguerite de Lutel, n. 23 Décembre 1679, fille de François de Lutel, huissier, et de Marie Pasquier, parrain, Cadot, demeurant à Monthaulin, marraine, honeste femme Marguerite Raguin, femme de maistre Pierre Milon, tisserand à Troyes.

D. 27 Octobre 1680, agée de dix mois, a été inhumée en l'église de Saincte-Marie-Magdeleine.

Marie de Lutel, n. 22 Novembre 1680, fille de Claude de Lutel, huissier et de Marie Pasquier. Parrain, Nicolas le Coq, huissier. Marraine, Marie de Lutel, fille de Claude de Lutel, huissier aussy.

Jacques François de Lutel, n. 5 Mai 1681, fils de Joseph de Lutel, procureur au baillage, et de dame Nicole Singevin, parrains, noble homme maître Singevin, Sémillard (1), advocat au parlement, marraine, damoiselle Françoise de la Roche, le père absent.

Louis de Lutel, n. 20 Mars 1682, fils de François de Lutel et de Marie Pasquier, parrain, Louis Herbelin, fils de maître Nicolas Herbelin, notaire royal, marraines, damoiselles Marguerite Camusat, Marie-Magdeleine Herbelin.

Ont signé : DE LUTEL, CAMUSAT.

Marie de Lutel, n. 7 Février 1684, fille de François de Lutel, huissier et de Marie Pasquier.

_____

(1) En 1656, un de ces descendants, Pierre Sémillard, donne tous ses biens à l'aumône générale.

Anne de Lutel, n. 30 Mai 1686, fille de François de Lutel, huissier, et de Marie Pasquier, parrain, maistre Vauthier, aussy huissier, à la prévosté de Paris, marraine, Anne de Biest, femme de Nicolas le Coq, aussy huissier.

Jean de Lutel, n. 30 Novembre 1687, fils de François de Lutel, huissier et de Marie Pasquier, parrain, Jean Paquet, bourgeois.

D. 2 Juing 1689, agé de 2 ans.

Cristophe de Lutel, n. 9 Septembre 1690, fils de maistre François de Lutel, huissier, et de Marie Pasquier, parrain, Mithouard, fils de Claude Mithouard, maistre menuisier, marraine, Anne, fille de Jean Pinaud, aussy maistre menuisier.

D. Obiit in eodem die.

Jean-Baptiste de Lutel, n. 22 Mars 1692, fils de François de Lutel, huissier et d'honeste femme Marie Pasquier, parrain, Jean-Baptiste Lesveque, exempt de la maréchaussée, marraine, honeste femme Aimée Ferry.

XVIIIᵉ SIÈCLE

Jean-Baptiste de Lutel, n. le 20 Décembre 1720, fils de Jean-Baptiste de Lutel, loueur de carrosses, et de Anne Clouet, sa femme, a eu pour parrain, Léon Paquet, maître tisserant, et pour marraine, Marie Paquet, veufve de François de Lutel, huissier, tous soussignés.

Eustache-François de Lutel, n. 8 Octobre 1721, fils de François de Lutel, huissier, et de Marie Françoise Michelin, le parrain, Eustache Michelin, marchand drapier, la marraine Elisabeth Camusat, veufve de François Michelin, marchand, tous soussignés.

Mathieu de Lutel, n. 22 Février 1723, fils de François de Lutel, huissier, et de Françoise Michelin, parrain, Mathieu Jacquinot, fils de Jacquinot, marchand cuinqualier, marraine Reine de Lutel, sœur du baptisé Mathieu de Lutel.

D. Obiit in eodem die.

Membres de la Famille de Lutel, nés et baptisés sur les parroisses St-Gilles, St-Frobert, St-Estienne.

Françoise de Lutel, n. 13 Août 1718, fille de François de Lutel, vigneron, et de Françoise Lutel (de Lutel) sa femme (Saint-Gilles).

Reine-Anne de Lutel, n. 26 Mai 1722, fille de Jean-Baptiste de Lutel, marchand de chevaux et de Anne Cleret, parrain, François Aubry, marguillier en charge. (Saint-Frobert).

Françoise de Lutel, n. 16 Janvier 1660, fille d'honorable homme Jacques de Lutel, procureur au baillage et marguiller de cette esglise, et de damoiselle Anne Maillot, parrain, honorable homme Claude le Cointre, (1) procureur, marraine, damoiselle Françoise Maillot. (Saint-Estienne).

Membre de la Famille de Lutel, nés et baptisés sur la paroisse St-Jacques-aux-Nonains.

Joseph de Lutel, n...... 1540, fils de feu Jehan de Lutel.

1541, la veille de Saint-André a été baptisé le fils de Claude de Lutel.

1542, le 23 Juin a été baptisée la fille de Joseph de Lutel, et d'Élisabeth Lejeune.

Bonaventure de Lutel, n. 3 Août 1566, fils de François de Lutel et de Jacquette, sa femme, les parrains, Bonaventure Millot et Nicolas Lamotte, sa marraine Françoise Millot, fille de Nicolas Millot.

Marie de Lutel, n. 17 Novembre 1651, fille de Jean de Lutel, vigneron et de Marie Baudin, marraine, Marie de Lutel, veufve de deffunt Jean Parisot.

---

(1) Bienfaiteur de l'instruction publique à Troyes.

Reine-Nicole de Lutel, n. 9 Janvier 1706, fille de François de Lutel, archer, et de Catherine Moreau, parrain, Pierre Morsot, marraine, Reine Herbelin.

D. 13 Février 1733, 25 ans, Hôtel-Dieu, femme d'Edme Chomoy, venue de la paroisse Saint-Frobert.

Elisabeth de Lutel, n. 21 Mai 1707, fille de maistre François de Lutel, archer, de robe courte, et de Magdeleine Catherine Moreau; parrain, Edme Niest, aussy archer de robe courte.

D. 14 Avril 1711, Magdeleine-Catherine Moreau, sa mère, est dejà décédée.

François-Gabriel de Lutel, n: 3 Janvier 1709, fils de François de Lutel, archer de robe courte, et de Magdeleine Catherine Moreau, parrain, Gabriel d'Auton, aussy archer de robe courte.

État-Civil de la Mairie de Troyes

XIXᵉ SIÈCLE

Le dit jour dixième de Nivose lan 13, heure de onze avant midi pardevant moy Alexandre Claude Payn, faisant fonction d'officier civil à Troyes, a comparu en la maison commune Savinien Luc Lutel, marchand, âgé de quarante six ans, demeurant à Troyes, rue de l'Épicerie, 3ᵉ section, lequel nous a présenté un enfant du sexe masculin né le cinq nivôse présent mois, heure de sept du soir, de luy déclarant et de Marie-Louise-Elisabeth Hazart, son épouse et auquel il a déclaré vouloir donner les prénoms de Luc Estienne, les dites déclaration et présentation faites en présence de Luc-Claude Lutel, marchand âgé de vingt-cinq ans, demeurant à Troyes, susdite rue de l'Épicerie, 3ᵉ section et de Paul Dulin, marchand, âgé de 48 ans, demeurant à même rue et section et ont le père et témoins signé avec nous le présent acte de naissance après qu'il leur en a été fait lecture, les jour, mois et an susdits.

LUTEL BOURGOIN.　　　　　PAUL DULIN.

LUTEL HAZART.　　　　PAYN.

OBITUAIRE

DE LA FAMILLE « DE LUTEL »

———⚬⚬⚬———

Justorum animæ in manu Dei sunt : et
non tanget illos tormentum mali-
tiæ.

DÉCÈS RECUEILLIS DANS LES REGISTRES PAROISSIAUX DE LA VILLE DE TROYES

Saint-Denis

Pierre de Lutel, 18 Décembre 1665.

Fiacre de Lutel, 18 Décembre 1675, femme d'Estienne Pasquot, inhumée en cette esglise.

Pierrette de Lutel, 28 Janvier 1747, veuve de Gabriel Despreaux, 60 ans ou environ, le témoin a signé : DE LUTEL.

Saint-Estienne

Marie de Lutel, 9 Octobre 1662.

Saincte-Marie-Magdeleine

Angélique de Lutel, 22 Août 1679, fille de Joseph de Lutel, procureur au baillage et siège présidial de Troyes, a été inhumée en cette église.

Marguerite de Lutel, 27 Octobre 1680, fille de François de Lutel, huissier, âgée de dix mois, a été inhumée en cette église.

Marie de Lutel, 22 Novembre 1681, fille de maître François de Lutel, huissier, âgée d'un an ou environ a été inhumée en cette église.

Joseph de Lutel, 30 Mars 1686, fils de François de Lutel, huissier, âgé de 4 ans ou environ, a été inhumé en cette église.

Joseph de Lutel, 22 Novembre 1686, procureur au baillage et siège présidial de Troyes, a été inhumé en cette église.

Jean de Lutel, 2 Juin 1689, fils de François de Lutel, huissier, âgé de 2 ans, a été inhumé dans cette église.

Anne de Lutel, 16 Décembre 1695, honeste fille, inhumée en cette église.

Anne de Lutel, 12 Février 1715, honeste veuve de défunt Enoch de Lutel, 54 ans.

Eustache de Lutel, 8 Décembre 1721, fils de François de Lutel, huissier.

Mathieu de Lutel, 22 Février 1723, Fils de François de Lutel, huissier et de Michelin, sa femme.

Sainct-Nizier

Pierre de Lutel, 11 Novembre 1668, demeurant à Nervaux, 60 ans ou environ.

Anne de Lutel, 28 Décembre 1675, 25 ans, fille de défunt Jean de Lutel.

Jean de Lutel, 29 Janvier 1717, fils de Pierre de Lutel, et de Jeanne Ruelle.

Françoise de Lutel, 27 Décembre 1717, fille de Pierre de Lutel, et de Jeanne Ruelle.

Marguerite de Lutel, 11 Septembre 1719, femme de Claude............

Laurent de Lutel, 10 Mars 1721, fils de Nicolas Lutel, et d'Élisabeth Maucourt.

Marguerite de Lutel, 10 Août 1751, épouse de Réné Colle, compagnon tisserand, âgé de 61 ans.

Saint-Remy

Jean de Lutel, 18 Février 1668, fils de Claude de Lutel, et de Simonne (1) Millet, inhumé en cette esglise, en présence de Claude de Lutel, son grand-père, et de Claude Gauthier, son oncle.

Françoise de Lutel, 27 Août 1675, fille de messire Claude de Lutel, huissier.

Jacques de Lutel, 16 Décembre 1681, procureur au baillage et siège présidial de Troyes, et ancien marguillier de cette esglise est décédé dhier 15 du dit moy et inhumé cejourd'hui en ceste esglise sa paroisse, en présence des soussignés.

DE CORBERON, DE LUTEL.

Jacques de Lutel, 21 Mai 1692, fils de maître Joseph de Lutel, procureur, âgé de huit ans.

Joseph de Lutel, 13 Octobre 1693, procureur au baillage et siège présidial de Troyes, ancien marguillier de cette esglise, 49 ans, enterré proche la porte du chœur du côté du septentrion.

Marie de Lutel, 21 Février 1698, honeste veuve de deffunt Claude Gauthier, sergent royal.

Edmée de Lutel, 5 Février 1700, fille de François de Lutel, pratricien, et de Catherine Moreau, 9 jours.

Marguerite de Lutel, 17 Janvier 1703, fiille de François de Lutel, 9 jours.

Barbe de Lutel, 6 Février 1711, 30 ans, fille de deffunt maître Joseph de Lutel, procureur au baillage et siège présidial de Troyes, et de demoiselle Singevin.

Nicole de Lutel, 14 Décembre 1765, honeste veuve de Pierre le Brun, maistre tisserand.

(1) En ces années, la famille Millet, compte parmi ses membres, un échevin, et un avocat au parlement.

Saint-Aventin

Marie de Lutel, 26 Août 1667, fille de Jean de Lutel, 1 an et demi.

Jean de Lutel, 18 Juillet 1676, fils de Jeau de Lutel, 4 ans et demi.

Anne de Lutel, 26 Juillet 1692, fille de Nicolas de Lutel, et de Marguerité Roger, baptisée par la sage-femme, et inhumé en cette esglise, ont signé : Son père, Nicolas de Lutel, et son grand-père, Jean de Lutel.

Catherine de Lutel, 5 Octobre 1693, fille de Nicolas de Lutel, 25 ans ont signé : Son père, Nicolas de Lutel, son frère, Jean de Lutel.

Marie, 16 Octobre 1693, fille de Nicolas de Lutel, et de Marguerite Roger, 3 jours.

Jeanne de Lutel, 16 Avril 1696, fille de Jean de Lutel, maistre tisserand, marguillier, est décédée et inhumée en cette esglise, 10 mois, son aïeul Claude Durand.

Nicolas de Lutel, 10 Novembre 1701, fils de Nicolas de Lutel, tisserand, 3 ans.

...de Lutel, 25 Août 1704, un enfant de Nicolas de Lutel.

Nicolas de Lutel, 18 Octobre 1715, honorable homme Nicolas de Lutel, maître tisserand, marguillier de cette esglise, 48 ans, son corps enterré dans l'Église.

Pierre de Lutel, 8 Septembre 1718, fils de Nicolas de Lutel, âgé de 9 mois, inhumé dans l'Église, a signé : Thiennot, Vicaire.

Marguerite de Lutel, 24 Novembre 1722, fille de Nicolas de Lutel, maistre tisserand, 3 mois.

Marie de Lutel, 28 Avril 1722, fille de Nicolas de Lutel, maître tisserand, 2 ans.

Nicolas de Lutel, 12 Mai 1723, fils de Pierre de Lutel, maître tisserand, et de Claudée Pasquet, 7 mois.

Anne de Lutel, 3 Octobre 1724, fille de maistre Nicolas de Lutel, maître tisserand, enfant de 3 mois et demi.

Nicolas de Lutel, 28 Avril 1725, fils de Nicolas de Lutel. maître tisserand, environ 10 ans.

Bonaventure de Lutel, 28 mai 1726, fille de Nicolas de Lutel, maître tisserand.

Claude Nicolas de Lutel, 19 Septembre 1728, fils de Nicolas de Lutel, maître tisserand.

Anne de Lutel, 24 Décembre 1732, fille très sage, âgée de environ 65 ans, après avoir reçu les sacrements en pleine connaissance, est décédée et son corps inhumé dans l'esglise en présence de parents et amis soussigné : DE LUTEL, PIERREDUTEL, J. BOUILLEROT, P. DES BORDES, un nom illisible Prêtre de St-Aventin.

Bonaventure de Lutel, 7 Octobre 1746, honeste femme de deffunt Jean Girardon, âgée de 60 ans ou environ.

Nicolas de Lutel, 23 Août 1753, ancien marguiller de cette église, 60 ans ou environ, ont assisté à l'inhumation, CLAUDE DE LUTEL, prêtre-vicaire de St-Jean-au-Marché, fils du deffunt, EDME NICOLAS, curé de Saint-Jacques, SYBILLE, curé de Saint-Pantaléon.

Pierre de Lutel, 28 Février 1767, âgé de quatre jours fils de Jean de Lutelle (de Lutel).

Saint-Pantaléon

Marie de Lutel, 10 Juillet 1753, environ 60 ans. Epouse de maistre Jean de Laulne, maître charpentier.

Saint-Jean

Joseph de Lutel, 10 Juillet 1748, 10 ans, fils de Edme de Lutel, décédé et de Tintrelin, décédé.

Saint-Nicolas

Jacques de Lutel, 25 Janvier 1670.

François de Lutel, 19 Novembre 1731, huissier, âgé de 56 ans ou environ.

Membres de la Famille de Lutel, décédés à l'Hôtel-Dieu et inhumés au Cimetière de St-Jacques-aux-Nonains.

Françoise de Lutel, 14 Novembre 1695, 26 ans, femme de Nicolas Barier, de la paroisse de Saint-Jean-au-Marché.

Marie de Lutel, 2 Mars 1700, femme de David Febvre, de la paroisse Saint-Pantaléon, âgée de 42 ans.

Anne de Lutel, 9 Décembre 1709, 39 ans, de la paroisse de St-Jean-au-Marché.

Pierre de Lutel, 18 Janvier 1722, de la paroisse de St-Aventin, environ 30 ans.

Nicolas de Lutel, 14 Décembre 1729, 60 ans, de la Santé.

Reine de Lutelle, 13 Février 1733, femme d'Edme Chamoy, de la paroisse Saint-Frobert, 25 ans.

Jeanne de Lutel, 9 Octobre 1755, 30 ans, native de Troyes, de la paroisse de Sainte-Marie-Magdeleine.

Marie de Lutel, 5 Juin 1758, ve de Grosley-Bourbon, de Saint-Martin-ès-Vignes, de la paroisse St-Pantaléon, 78 ans.

Anne de Lutel, 6 Octobre 1760, native des faux fossés, faubourg de Troyes, de la paroisse St-Nicolas, 83 ans.

Nicole de Lutel, 18 Janvier 1769, ve de Robert des Bordes, 70 ans, de la paroisse Ste Marie-Magdeleine.

Marie de Lutel, 16 Août 1741, 63 ans, de la paroisse St-Aventin, ve de François Dernuet, tisserand.

Edme de Lutel, 11 Mars 1742, 49 ans, de la paroisse St-Denis.

Anne de Lutel, 27 Mai 1747, femme de Claude Doué, native de Troyes, de la paroisse St-Frobert.

Anne de Lutel, 19 Août 1754, native de Barberey-St-Sulpice, 11 ans ou environ, de la paroisse St-Remy.

Comme cette enfant est la fille d'Edme de Lutel, frère de mon bisaïeul, j'ai relevé textuellement l'acte de son décès :

19 Août 1754. — Aujourdhuy 19, j'ai prestre vicaire soussigné, inhumé dans le cimetière de St-Jacques-aux-

Nonains, le corps d'Anne de Lutelle, native de Barberey-Saint-Sulpice, près Troyes, décédée paroisse St-Remy, âgée d'environ 11 ans, décédée dans la communion de l'Eglise, à l'enterrement duquel ont assisté les témoins aussi soussignés.

Cuisin, vicaire,   Jean Patrois,   Edme Patrois.

Décès sur la paroisse de Saint-Pierre

Le 11 Juin 1721. — Marie de Lutel, fille de feu Messire Jacques de Lutel, procureur au baillage de Troyes, et de Anne le Borgne, ses père et mère, âgée de soixante-dix-neuf ans, décédée le jour d'hier dans la communion de l'Eglise, après avoir reçu tous les Sacrements, a été inhumée au milieu de l'allée, un peu plus loin que la porte du chœur, en présence de Mrs Tixerant et Bosdry, procureurs au baillage de Troyes et d'autres parents et amis et ont lesdits Tixerant et Bosdry signé avec moy dans la maison de Mr Sallé, au Petit Cloître.

DE LA Chasse (1)   Tixerant   Bosdry

(1) Nicolas de la Chasse était chanoine de l'Eglise Cathédrale de Troyes depuis 1701.

CONCLUSIONS

D'après les précédentes recherches aux Archives de l'Aube, aux Archives municipales de la Ville de Troyes et sur les registres paroissiaux de cette Ville ; aux Archives nationales et à la Bibliothèque nationale, à Paris ; il résulte et on peut établir sur des titres authentiques, que la famille « de Lutel » est une des plus anciennes familles de la province de Champagne ; qu'elle appartient non point à une noblesse de *concession*, conférée par les rois et dont l'extention tournait au ridicule, sous Louis XIV ; ni à une noblesse *personnelle*, celle accordée en masse à la bourgeoisie de certaines villes du royaume ; mais à une noblesse de *race*, dont on ne peut coter le commencement. Que la terre, à une lieue de Troyes, dont les « de Lutel » tiennent leur nom, était attenante au finage de Sainte-Savine et de la Rivière-de-Corps ; que jusqu'au xvie siècle, les différentes branches de cette Famille à Troyes et dans les environs avaient continué de mettre la particule devant le nom de la terre possédée par leurs ancêtres ; qu'à partir du milieu du xviie siècle, on commence à trouver dans certaines campagnes, entre autres à Mesnil-Vallon, aux Noës, au Hamelet, à Montgueux, à Sainte-Savine, à la Chapelle-Saint-Luc, à Barberey-Saint-Sulpice et à Troyes, seulement dans le quartier des Faux-Fossés, c'est-à-dire, à la partie qui fait face à Sainte-Savine, quelques Lutel sans particule. Dans les registres des églises de la banlieu, les actes des « de Lutel » portent leur nom démembré au xviiie siècle : Saint-Martin, Sainte-Savine, les Noës...

Les registres paroissiaux de la Ville de Troyes, conservent généralement le nom « de Lutel » jusqu'aux prodromes de la Révolution. Cependant, le nom va en se modifiant, parce que plusieurs parents ou témoins illétrés ne savent plus l'orthographe du nom. Ainsi, Pierre de Lutel, maître tisserant, se marie à l'Église Saint-Aventin, sa paroisse, et signe Pierredutel, de façon lisible mais grossière et comme il est coutume à un homme complètement illétré. L'acte de mariage dressé par le Curé porte cependant Pierre de Lutel, fils de Nicolas de Lutel. Ce dernier signe l'acte de mariage de son fils, très lisiblement et très correctement, Nicolas de Lutel. Il est lui-même fils de Jean de Lutel, maître tisserant.

Le 20 Octobre 1719, nous retrouvons la signature Pierredutel sur l'acte de naissance de Marguerite de Lutel, fille de Pierre de Lutel. A l'étude de Me Champeaux, on voit encore le même paraphe de Pierredutel sur un bail d'une pièce de terre de 3 quartiers, sise à la Vacherie, lieudit les Blossières, dont Pierre de Lutel est le bailleur.

De même l'acte de naissance de Jean de Lutel, fils de Edme de Lutel, le 4 Avril 1720, à Saint-Nizier, est signé, Edme Lutel. Celui-ci supprime complètement la particule, tandis que Pierre de Lutel en écrivant Pierredutel, en conservait au moins le D.

Le 20 Décembre 1717, un autre Pierre de Lutel déclare la naissance de sa fille Françoise de Lutel et, six jours après, l'acte de décès de cette enfant, signé « Pierre de Lutel » est rédigé fille de « Pierre Lutel ». Cette fois, c'est le Vicaire qui est en défaut.

Nicolas de Lutel, déclarant la naissance de Laurent de Lutel, son fils, le 7 Mars 1721, à Saint-Nizier, signe Nicolas utel. L'enfant étant mort peu de temps après, son acte de décès (10 Mai 1721) est rédigé « Laurent, fils de Nicolas Lutel « cette fois, le nom est raccourci par le Curé.

Marguerite de Lutel, veuve de Jehan Barrois, demeurant à Torvilliers, est appelée Marguerite Lutel, dans le même acte du 14 Janvier 1629, (Reg. Chastel), étude de Me Champeaux à Troyes.

Le 17 Juin 1748, à St-Frobert, Reine-Anne de Lutel, désignée ainsi dans son acte de mariage qu'elle signe d'ailleurs, Anne de Lutel est cependant déclarée comme fille majeure de feu Jean-Baptiste Lutel.

On est frappé d'une irrégularité bien plus grande encore quand on compare l'acte de naissance de Anne de Lutel et son acte de décès :

Acte de naissance relevé sur les registres paroissiaux de Barberey-Saint-Sulpice: « le 1er Septembre 1740 est née et a été baptisée ledit jour Anne, fille de Edme Lutel et de Catherine Lutel sa femme. Le parrain a été Jean Lutel de la parroisse Saint-Nicolas de Troyes, la marraine Anne Lutel, fille de Martin Lutel, laboureur à Saint-Martin. »

Acte de décès: « Aujourd'hui 19 (Août 1754) jay prestre vicaire soussigné inhumé dans le cimetierre de St-Jacques-aux-Nonains le corps d'Anne de Lutelle, native de Barberey-Saint-Sulpice près Troyes, décédée paroisse Saint-Remy âgée d'environ 14 ans, décédée dans la communion de l'Eglise à l'enterrement duquel ont assisté les témoins aussi soussignés. »

CUISIN, vicaire, (1) JEAN PATROIS, EDME PATROIS

Si j'ai insisté sur le désaccord de ces deux actes où le nom ancien de notre famille est altéré, démembré, c'est que cette Anne de Lutel est la nièce de mon grand-père paternel.

Toutes ces irrégularités résultent du manque de corrélation entre la langue écrite et la langue que parlent les illettrés. Mais si la modification du nom a pour cause l'ignorance de l'art d'écrire, elle est due encore bien plus au mauvais état de fortune.

Citons, ici, le plus grand génie littéraire de ce siècle,

---

(1) Jean et Edme Patrois étaient des employés du bas clergé.

Chateaubriand, qui explique que sa famille *très noble*, était tombée dans la misère, par suite de la coutume qui attribuait les deux tiers de l'héritage à l'aîné : « La même distribution des deux tiers au tiers existant aussi pour les enfants des cadets, ces cadets des cadets, arrivaient promptement au partage d'un pigeon, d'un lapin, d'une canardière et d'un chien de chasse, bien qu'ils fussent toujours chevaliers hauts et puissants seigneurs d'un colombier, d'une crapaudière ou d'une garenne. On voit dans les anciennes familles nobles une quantité de cadets ; on les suit, pendant deux ou trois générations, puis ils disparaissent, redescendus peu à peu à la charrue, ou absorbés par les classes ouvrières, sans qu'on sache ce qu'ils sont devenus.» Chateaubriand, mémoires d'outre-tombe, 1re partie (1768-1800) t. 1, pages 12, 13, édit. E. Brié. libr. Garnier.

Plusieurs membres de la famille « de Lutel » étaient devenus des pauvres honteux par suite des guerres, des incendies, et sans doute aussi à la suite de la grande duperie de la banque Law. A cette époque, en effet, plusieurs moururent à l'Hôtel-Dieu-le-Comte.

La famille « de Lutel » fournit bien un exemple de ce que vient de nous exposer Chateaubriand : ceux de nos cadets qui s'en vinrent à la ville, ou vécurent de l'industrie des tisserants, alors très florissante à Troyes ; ou obtinrent des charges publiques au baillage et siège présidial de la ville. C'est ainsi que notre famille avait fourni un grand nombre de personnes recommandables dans la robe et qu'on trouve des sergents royaux, des greffiers, des huissiers, des procureurs, sur la paroisse Sainte-Madeleine. « Les tixerants de toilles » habitaient la paroisse Saint-Nizier et la paroisse Saint-Aventin.

Les cadets des cadets de la famille « de Lutel » qui ne devinrent point gens de robe ou qui ne furent point « absorbés par les classes ouvrières », « redescendirent à la charrue ». La race française alors était puissamment

prolifique et les de Lutel qui devinrent laboureurs peu-
plèrent les Noës, le Hamelet, Sainte-Savine, la Chapelle,
Barberey-Saint-Sulpice, dont les Archives nous montrent
pleine de sève en 1428, la branche des « de Lutel » dont nous
sommes le rameau. A partir de la fin du xvie siècle, nous
voyons beaucoup de mariages entre consanguins et les de
Lutel avoir une tendance à se reproduire « en dedans ». Ou
manque d'imagination ou question d'intérêt, pour ne point
diviser le bien de famille. En tous cas, il n'allaient pas
chercher loin leurs femmes ; si elles n'étaient point leurs
parentes elles étaient souvent leurs alliées ou tout au moins
appartenaient-elles à des familles amies ou proche voisines.
Cette réflexions est surtout le résultat de l'observation du
plus ancien registre de la paroisse de Barberey-Saint-
Sulpice, (1676-1760), où les membres de notre famille
étaient tous agriculteurs.

En résumé, pour expliquer les différentes conditions
sociales où nous trouvons les cadets de nos cadets, il suffit
d'invoquer la coutume de Troyes qui permettait aux nobles
de race, s'ils venaient à tomber dans la misère, de faire le
commerce sans déroger à leur qualité. En Italie, les nobles
pouvaient se livrer au trafic ; cette liberté existait aussi en
Provence.

On lit dans Oudot, (Troyes 1667, p. 14) : « La politique
de ce mélange de nobles, vivans noblement et de nobles
vivans marchandement et roturièrement, est approuvée de
Me Ch. Du Molin, en son apostille sur l'article 16, de la
coustume de Troyes : *prima facie videtur stulta consuetudo
sed non est ita, quia valet pro secundo genitis, qui sunt pau-
peres sæpissime, et interim coguntur mercaturam exercere,
donec, meliori sorte adepta, nobiliter vivere possint et arma
pro republica gerere.* »

Dans ses Eph. t. 1. p. 13, Grosley dit : « Nos vielles
chartres nous offrent une foule de *nobles vivant marchandement.* »

Heureux serais-je, si cette modeste étude obtenait le

suffrage de nos doctes collègues de la Société Académique de l'Aube et des très nobles Membres du Conseil Héraldique de France ! Non point que je croie cet humble essai capable de les intéresser, mais dans l'espoir que d'autres pourraient avoir aussi l'idée de faire l'histoire de leur famille, ce qui nous rendrait les relations dans le passé, aussi faciles que celles que nous avons journellement avec les vivants : Il suffirait, en effet, d'échanger avec celles d'autrui, ses propres recherches.

EXPLICIT

PARALIPOMENES

Si je n'avais été avant tout désireux de faire un travail
consciencieux et exact, dont le seul but était d'honorer mes
pères et d'instruire mes enfants, peut-être aurais-je cédé à
la tentation de remonter à 67 ans plus en arrière, l'origine
de la trace des « de Lutel » en Champagne, en donnant
comme la plus ancienne date de mes recherches, l'an 1296,
le lundi avant la fête de St-Luc Evangeliste.

Voici le résumé de la pièce que l'on trouve, Arch. de
l'Aube, G. 2701 (liasse) et que j'ai volontairement omise :
Paroisse de Saint-Lyé, texte latin du lundi avant la fête de
Saint-Luc Évangeliste, 1296, au rapport de l'official de
Troyes, et de Frère Heudouyn, abbé de Saint-Loup, par
lequel il appert que Perrinet fils de Durand dict Lutel,
reconnait avoir eu de Monsieur Denis, doyen du chapitre
de la Cathédrale de Troyes, une pièce de prés sise au finage
de Barberey-aux-Moines, tenant d'une part à la Seine,
d'autre part aux terres de Baudoin, moyennant 40 liv.
tournois de pension annuelle et perpétuelle. M. d'Arbois
de Jubainville, qui a traduit l'acte, a bien écrit Lutel dans
la traduction, mais ayant voulu lire la pièce originale,
écrite sur parchemin en caractères gothiques,

Omnibus presentes litteras inspecturis... Officialis trœcensis et Frater Heudoinius humilis Abbas monasterii

sancti Lupi trœcensis salutem in domino noverint universi quod in nostra presentia propter hoc personaliter constitutus Perrinetus filius Durandi dictus Lutel de Barbereyo ad monachos...

J'ai trouvé que la lettre commençant le mot Lutel ne ressemblait point à la lettre commençant le mot Lupi, que cette lettre ne pouvait être rapportée qu'à la lettre S que l'on lisait donc Sutel au lieu de Lutel. C'est pourquoi je n'ai pas tenu compte de cette pièce sur parchemin, très intéressante et très importante.

Cependant je dois dire que j'étais moralement sûr que ce mot *Sutel* pour *Lutel* n'était qu'une erreur de copiste.

Voici mon calcul de probabilités :

D'abord la grande autorité de Monsieur d'Arbois de Jubainville qui a traduit *Sutel* par *Lutel*. Ensuite parceque le finage de Barberey était possédé par les « de Lutel » en si grand nombre dès 1428, comme nous l'ont appris les censiers du fonds de l'Evêché, que l'on peut bien admettre qu'ils s'y trouvaient déjà cent trente-deux ans au paravant. Enfin, parceque les noms de Perrin, Perrinet, Durand existent déjà dans la famille « de Lutel » dès 1363, dans les contrats de vente et d'achat de la Seigneurie des Noës, et, *palati passim* dans le vénérable *liber villosus trecensis* : c'est-à-dire à soixante-sept ans seulement de distance de 1296, date à laquelle un L et un S se disputent, sur un parchemin de six cents ans ! l'honneur d'être ou de n'être pas dans mes revendication nobiliaires.

Néanmoins, malgré ma conviction raisonnée qu'il s'agit dans l'acte latin de l'official, d'un fils de Durand de Lutel et non d'un fils de Durand Sutel, il m'a semblé plus honnête pour établir notre généalogie, de ne citer que des pièces d'une authenticité incontestable et incontestée.

J'ai obtenu de la bienveillance de Monsieur Louis Morin, des notes qu'il a pris la peine de relever à l'étude de Me Champeaux, où il fait des recherches pour un travail personnel. Ce sont des épis que ce glaneur a ramassés pour moi tout en collectant sa propre gerbe. Les voici :

4 Avril 564 (Reg. Tartel) Charles de Lutel, vigneron, et Jehanne, sa femme, à Preize.

24 mai 1596, contrat de mariage de Isac Dlutel, fils de Guyot Lutel, tailleur d'habits, et de Martin Gilbert, avec Guillemette Bruslet (?) veuve de Jehan Jeannynet, dict Guyot (Minute Tartel).

Claudée, veuve de Jehan de Lutel, dit Thiébault, en son vivant vigneron, 15 Janvier 1562 (Reg. Tartel).

Nicolas de Lutel, vigneron et Felizot Pasquet, Charles de Lutel, dit Guillemot, aussi vigneron, demeurant en Preize 1565 (Reg. Tartel). Ne savent pas signer.

Jean Michel Lutel, aux Maraux de Pouilly.

Edme Lutel, vigneron, aux Maraux de Pouilly, 1640 (Min. Chatel).

François Lutel, greffier en la Justice des Noës, 27 Février 1660 (Minute Vynot).

Nicolas Lutel, torcheur, 25 Novembre 1657.

Jacques de Lutel, procureur au baillage de Troyes, 28 Avril 1646 (Min. Chastel).

Quantine Lutel, veuve de Syret Bridain, demeurant à Saint-Parres.

Claude Lutel, vigneron, à la Chapelle-Saint-Luc, 3 Novembre 1618 (Reg. Danrée).

Jean Lutel, vigneron, aux Noës, 18 Octobre 1641 (Min. Chastel).

Maître Joseph de Lutel, procureur au baillage de Troyes, 15 Mars 1671, (Min. Vynot).

Cette énumération de personnes de notre famille rencontrée par M. Louis Morin, parmi les minutes de l'étude de Me Champeaux, nous suggère, comme réflexions, que plusieurs des nôtres avaient modestement modifié leur nom, comme « faisant métier de dérogeance » : Lutel, tailleur d'habits; Lutel, torcheur, Lutel, laboureur, Lutel, vigneron... que cependant, ceux qui retournèrent à la charrue ou aux vignes, conservèrent leur nom sans le démembrer, jusqu'à ce qu'enfin, leur bien ne cessant d'être divisé entre les cadets des cadets, ils en vinssent à ne plus posséder un seul quartier de terre. C'est ainsi qu'ils devenaient manouvriers, s'appelant Lutel tout court, à côté des leurs ayant encore des terres ou des vignes au soleil, et conservant le nom de leurs pères dans son intégrité.

Quantine Lutel, veuve de Syret Bridain, demeurant à Saint-Parres, nous rappelle Anne de Lutel, marraine, dans ce même pays, aux portes de Troyes.

Charles de Lutel, vigneron, demeurant à Preize, est le seul Charles que j'aie rencontré dans toutes mes recherches.

La note suivante m'a été communiquée par un assidu des Archives, M. Feugez.

E. 1288, follio 88, recto : Le vendredi 28me et dernier jour de Febvrier 1577, Claude Lutel, des Noës, comparait devant le chapitre de la Cathédrale, « pour faire évaluer les censives du dict lieu que Messieurs entendent vendre avec la seigneurie. »

Ce Claude, nous rappelle un personnage des Noës, déjà cité et très important dans la contrée, Jacobus de Lutello, trouvé de 1366 à 1389;

Un François — *Franciscus de Lutel quadraginta apud locum des Noës* — dont les religieuses de Notre-Dame-des-Prés, invoquent le témoignage contre les prétentions des religieux de Montier-la-Celle.

En rapprochant ces trois personnages, on voit que les de Lutel avaient de l'importance dans les Noës.

La paroisse de Barberey-Saint-Sulpice ne possède que deux registres reliés en veau avec dorures et écusson, l'un 1676 — 1760, l'autre de 1760 à l'établissement de la République ; mais au greffe civil de Troyes, on trouve des Archives, qui, comblant la lacune causée par l'incendie de 1814 dans lequel périrent les registres paroissiaux, permettent de suivre la généalogie des « de Lutel », que les Archives de l'Aube nous montrent existant depuis 1296,

dans ce pays et dont la chaîne est ininterrompue de 1428 à
1756, année où naquit le 4 Novembre le père de mon père.

« Ce jeudy 4 Novembre 1756, a été baptisé par moy, curé
soussigné par l'absence du curé de la paroisse (1), Savinien
Luc, né d'hier, fils d'Estienne Lutel laboureur, et de Madeleine Tendant de Pont-Sainte-Marie, né de légitime mariage,
le parrain a été Savinien Luc Goussin, la marraine Marie
Lutel, lesquels illétrés. »

Feugez, Curé de la Chapelle-St-Luc.

Ce vénérable aïeul vint à Troyes, « vécut marchandement » eût ses étoffes pillées pendant les premiers jours
de la Révolution, alors qu'il demeurait en face la grille de
l'Hôtel-Dieu-le-Comte ou environ ; mais comme il possédait
l'héroïsme des gens taillés à l'antique, tant au physique
qu'au moral, il ne se découragea point, alla se rétablir rue
de l'Épicerie (2), 3e section, à l'angle nord de la rue de la
Montée-des-Changes, y sût acquérir une fortune malgré des
temps troublés et des difficultés sans nombre, et mourut
dans sa quatre-vingt-douzième année, encore plein de
vigueur, modèle de courage et d'honneur : Il n'existe plus
d'hommes de cette trempe dans aucune classe de la société
actuelle. A 35 ans, il avait épousé une jeune fille de Reims
âgée de 20 ans, Mademoiselle Heloïse Hazart, dont le père
M. Hazart Baudrillard, marchand de vins, près la Cathédrale où furent sacrés nos Rois, habitaient une maison historique, *la maison du Pélican*. J'ai vu encore en 1873, cet
oiseau en pierre au dessus de la porte cochère de ce petit
hôtel particulier.

Le mariage religieux fut célébré dans la chambre la
plus discrète de cette maison, par un prêtre non assermenté,
c'était en 1792.

(1) Dereins, curé de Barberey-Saint-Sulpice.
(2) Rue Notre-Dame, où fut depuis un Magasin de Deuil.

Le trait que je vais citer peindra la droiture de l'homme
et son caractère indépendant. Quand il eût demandé la
main de la jolie rémoise qui avait su lui plaire, le père de
la jeune fille vint à Troyes et ayant prié mon grand'père de
lui indiquer les personnes recommandables de cette ville
qui pourraient lui donner des renseignements sur son
compte personnel, l'aïeul, prenant son futur beau-père par
le bras, le conduisit hors de sa demeure, au milieu de la
rue de l'Epicerie, et, lui montrant, dans un beau geste de
gentilhomme, l'espace qui sépare la place du marché au
blé de la place de la Révolution (1) : « Vous voyez cette
longue rue, dit-il, en la montant ou en la descendant, ren-
seignez-vous ! »

Le père de mon père était un Hercule, il ronflait si fort
qu'il était la terreur des hôteliers.

Sa force physique lui donnait une hardiesse et un sang-
froid dont vous pouvez juger : Mon père me racontait
encore avec un souvenir d'effroi, à plus de quarante ans
de distance, qu'ayant accompagné, un jour, mon aïeul dans
un voyage à Rouen, la compagnie du salon où ils se
trouvaient avait été fort incommodée d'un fâcheux, qui,
avec une voix retentissante et une prétention ridicule,
avait démonté pièce par pièce le mécanisme du bateau.

O te Bolane, cerebri felicem !

L'aïeul était maître de ses nerfs, il les contint ; mais
arrivé à l'hôtel, il se trouve à la table d'hôte, dans le voi-
sinage de l'importun et craignant qu'il ne fît un nouveau
discours qui eut certainement empêché l'appétit ou troublé
la digestion des hôtes, il lui adresse ainsi la parole :
Monsieur, si vous vous êtes trouvé avec nous dans le salon
où un intarissable bavard a tellement importuné la Société,
vos oreilles ont dû bien souffrir... L'homme était d'une
taille démesurée, il se leva furieux et injuria mon grand-

(1) Place de la Préfecture aujourd'hui.

père en le menaçant, mais il suffit à ce dernier, sans sortir de son calme, de poser sa main sur le bras du beau parleur qui se croyant pris dans un étau... ne songea plus qu'à s'en retirer, ainsi que de la compagnie, qui soupa en paix.

Nos cadets avaient l'amour de leur berceau et nous voyons plusieurs d'entre eux se faire inhumer dans l'église de Barberey-Saint-Sulpice, bien qu'ils ne soient pas décédés dans cette paroisse :

« Le 27e jour de Novembre 1672, Luc Lutel, des Noës, enterre sa fille, Marie, à Barberey-Laint-Sulpice. » Greffe civil de la ville de Troyes.

« Le 18 du mois de Février 1762, Martin Lutel, veuf d'Edmée Coupiot, mort d'hier dans la Chapelle-Saint-Luc, après avoir reçu les Sacrements de l'Église, dont le transport a été fait au dit Barberey pour être enterré *dans la Sépulture de ses ancêtres*, a été inhumé par moy, prêtre-curé, soussigné, en présence de parents et témoins soussigné, âgé de 90 ans environ.

Etienne Lutel (1) Edme Lutel, Martin Lutel, Jean Lutel, Dereins, curé.

Registres des baptêmes, mariages, inhumations, de Barberey-Saint-Sulpice, 1760-1792.

Je ne vous parlerai pas de mon père (2), je ne puis comprendre qu'il ne soit plus parmi nous et son nom seul me fait pleurer.....................................
....

---

(1) Oncle de mon aïeul et père d'Anne de Lutel, inhumée le 19 Août 1754, à Troyes, au Cimetière de Saint-Jacques-aux-Nonains.

(2) Né à Troyes, le 10me de Nivôse, An xiii, décédé le 1er Novembre 1883. Il vécut noblement, soit à Troyes, soit à sa maison de Campagne de Lusigny, partageant entre ses auteurs classiques et les fleurs de son jardin, le temps que lui laissaient les pauvres.